이 책을 사랑하는 가족에게 바친다.
특히 불규칙적인 생활을 눈감아주고 마감을 지키느라 애쓰는 동안
모든 뒷바라지를 해준, 세상에서 가장 사랑하는 아내에게 감사한다.

웨이멩 리 Wei-Meng Lee

기술 전문가이자, 최신 웹과 모바일 기술에 대한 실습 중심의 교육에 특화된 기술 회사인 디벨로퍼 러닝 솔루션즈(learn2develop.net)의 창업자다. 국제 컨퍼런스에서 자주 발표하며, .NET, XML, 안드로이드, iOS 관련 기술 서적을 다수 집필했고, 특히 informIT.com과 mobiForge.com에 많이 기고한다.

새로 등장하는 기술에 대해 책을 쓴다는 것은 언제나 흥미진진하면서도 위험한 작업이다. 경험한 이가 거의 없는 최신 개발 기술을 다루는 동시에, 아직 잘 알려지지 않은 것을 다뤄야 하는 부담이 있다. 이러한 이유로 이 책을 집필하는 과정에서 가족과 많은 이들로부터 도움을 많이 받았다. 이 자리를 빌어 이러한 아슬아슬한 작업을 무난히 마칠 수 있도록 도움을 준 모든 이들에게 감사의 인사를 하고 싶다.

먼저 이 책을 집필할 기회를 준 애디슨 웨슬리/피어슨 에듀케이션의 초고 담당 수석 편집자인 트리나 맥도날드에게 감사드린다. 내가 제시한 책 제목을 언제나 지지해줬을 뿐만 아니라, 이 책을 함께 작업할 수 있었다는 것 자체만으로도 정말 즐거웠다. 이러한 기회를 주고 작업의 방향을 제시해준 트리나에게 다시 한 번 감사의 말을 전하고, 아무쪼록 집필의 결과에 실망하지 않길 바랄 뿐이다.

눈에 띄지 않은 곳에서 많은 도움을 준 숨은 영웅들에게도 감사의 말을 전하고 싶다. 카피 에디터인 스테파니 길스, 프로덕션 에디터인 줄리 나힐, 내 원고를 멋진 글로 업그레이드해준 테크니컬 리뷰어인 마크 그래노프, 카임 크라우스, 니클라스 새어스에게도 감사드린다.

마지막으로 항상 아낌없이 지원해주는 가족에게 감사한다. 가족의 격려가 없었다면, 이 책은 나올 수 없었을 것이다.

7

옮긴이 소개

남기혁 kihyuk.nam@gmail.com

고려대 컴퓨터학과에서 학부와 석사 과정을 마친 후 한국전자통신연구원에서 선임 연구원으로 재직하던 중 네트워크 제어 및 검증 솔루션 회사인 ㈜프리스티를 창업했다. 관심 분야는 SDN과 IoT를 비롯한 네트워크 제어 및 응용 기술이다. 에이콘출판사에서 출간한 『GWT 구글 웹 툴킷』(2008), 『해킹 초보를 위한 USB 공격과 방어』(2011), 『자바 7의 새로운 기능』(2013), 『iOS 해킹과 보안 가이드』(2014), 『Neutron 오픈스택 네트워킹』(2015), 『실전 IoT 네트워크 프로그래밍』(2015) 등을 번역했다.

김홍중 planetar@gmail.com

중앙대학교 컴퓨터공학과를 졸업했다. 재학 중에 삼성소프트웨어 멤버십 회원으로 활동하다 삼성전자에 입사했고, DM 연구소, VD 사업부에 근무하면서 윈도우CE, 임베디드 리눅스 환경에서 PDA, 셋톱박스, DTV 등 다양한 기기에 들어가는 애플리케이션을 개발했다.

2007년, 답답한 삶을 털어내고 홀쩍 미국으로 날아가 한껏 여유를 즐기다가 빈손으로 돌아왔다. 이후 웹 호스팅사, 게임 개발사를 거쳐 지금은 Makeus Mobile에서 iOS 앱을 개발 중이다.

에이콘출판사에서 출간한 『유니티3D 게임 스크립트』(2015), 『Beginning Windows Phone 7 Development 한국어판』(2011), 『아이폰 UI 디자인 프로젝트』(2010), 『The iPhone Developer's Cookbook (Second Edition) 한국어판』(2010) 등을 번역했다.

애플 워치가 출시된 지 두 달이 지난 것 같습니다. 출시된 후 제 예상보다 주위에서 꽤 많은 이들이 애플 워치를 구매한 것을 보고 좀 놀란 시점에서 출판사로부터 이 책을 소개받았습니다. 아이폰만큼은 아니겠지만, 워치도 어느 정도 사용자층이 생긴만큼 앱 개발 방법을 궁금해 하는 사람이 늘었고, 마침 개인적으로도 궁금해하던 차에 이 책을 접하게 되어서 더욱 흥미롭게 작업할 수 있었습니다. 특히 기존 아이폰 앱을 한 번이라도 개발해본 적이 있는 사람들이 빠른 시간에 워치킷 앱을 개발하는 방법을 파악할 수 있도록 실습 위주의 튜토리얼 형식으로, 군더더기 없이 워치킷을 배우는 데 딱 좋도록 구성되었습니다. 또한 스위프트를 써본 적이 없는 독자라도 내용 파악에 어려움이 없을 정도로 쉽게 쓰여진 것이 장점입니다.

풍부한 개발 경험을 토대로 iOS 관련 기술과 예제 코드뿐만 아니라, 번역 표현에 대해서도 조언을 많이 해준 홍중 군과, 언제나 놀라운 추진력으로 빠른 시간에 책을 발간해내는 출판사 관계자분께 감사의 말을 남기고 싶습니다.

남기혁

목 차

지은이 소개 6

감사의 글 7

옮긴이 소개 8

옮긴이의 말 9

들어가며 15

1장 워치킷 프로그래밍 시작 21

애플 워치의 사양 22

개발 도구 23

워치킷 앱의 구조 23

애플 워치 앱 설치 25

애플 워치와 아이폰의 상호 작용 방식 25

iOS 앱과 통신 26

애플 워치 애플리케이션의 종류 27

Hello World 예제 27

아이폰 프로젝트 생성 28

워치킷 앱 타깃 추가 30

스토리보드 확인 33

워치킷 앱 생명 주기 34

인터페이스 컨트롤러 수정 35

시뮬레이터에서 애플리케이션 실행 36

정리 38

2장 애플 워치 인터페이스 내비게이션 39

인터페이스 컨트롤러와 스토리보드 39
    인터페이스 컨트롤러의 생명 주기 42

인터페이스 컨트롤러 내비게이션 45
    계층형 내비게이션 46
    페이지 기반 내비게이션 50
    인터페이스 컨트롤러끼리 데이터 주고받기 52
    쉐브론과 Cancel 버튼 타이틀 변경 58
    코드를 사용한 화면 내비게이션 60
    연속된 페이지 화면에 표시 63
    현재 화면에 표시할 페이지 변경 66

정리 69

3장 애플 워치 UI 71

사용자의 동작에 반응하는 컨트롤 72
    버튼 72
    스위치 88
    슬라이더 91

화면에 정보를 표시하는 컨트롤 95
    레이블 96
    이미지 96
    테이블 103

정보 수집 115

    텍스트 입력 받기 115

    이모지 입력 받기 118

화면에 컨트롤 배치 120

포스 터치 124

    컨텍스트 메뉴 표시 125

    코드에서 메뉴 아이템 추가 131

정리 133

4장 iOS 앱 연결 135

현지화 136

    UI 현지화 139

    현지화 가능한 문자열 제작 143

    데이트 컨트롤 사용법 149

워치킷 앱과 익스텐션 통신 151

    위치 정보 알아내기 151

    지도 표시 163

    웹 서비스 호출 165

    데이터 공유 171

정리 191

5장 **알림** 193

알림의 의미 194

애플 워치에서 제공하는 알림의 종류 198

짧게 보기 인터페이스 구현 방법 198

길게 보기 인터페이스 구현 방법 215

정리 227

6장 **글랜스** 229

글랜스의 의미 230

글랜스 구현 방법 230

글랜스 커스터마이즈 233

글랜스 테스트 236

유용한 정보 표시 238

공유 앱 그룹 생성 238

백그라운드에서 정보 가져오기 239

글랜스 업데이트 244

정리 247

찾아보기 248

웨어러블wearable이라는 새로운 분야가 태동하는 시대를 직접 겪는다는 점에서 오늘날은 프로그래머에겐 행복한 시대다. 물론 애플 워치 이전에 다른 웨어러블 기기가 이미 시장에 등장했지만, 애플이 웨어러블 제품을 출시했다는 것은 이 시장에 본격적으로 뛰어든다는 것을 의미한다. 애플은 음반 업계를 시작으로 컴퓨터와 휴대폰, 모바일 컴퓨팅 업계의 판도를 성공적으로 변화시켰으며, 이제는 웨어러블 업계에 변화를 추구하고 있다. 그리고 이러한 애플의 움직임을 모두가 주시하고 있다.

아이폰과 마찬가지로, 애플 워치의 효용과 기능은 전적으로 서드 파티 개발자의 창의성에 달려 있다. 아이폰을 출시한 초반 애플에서는 웹 애플리케이션이 아닌 서드 파티 앱을 허용하지 않았다. 처음에는 네이티브 아이폰 앱을 독점적으로 개발하려고 했지만, 개발자들의 엄청난 항의로 인해 결국 애플에서는 서드 파티 앱을 지원하는 SDK를 제공하게 됐다. 이러한 결정이 아이폰의 운명을 크게 바꾸게 된 것이다. 그때 서드 파티 앱을 지원하지 않았다면, 아마도 아이폰이 지금처럼 엄청난 성공을 거두지 못했을 것이다.

이러한 교훈을 토대로 애플 워치를 출시할 때 애플 워치의 성공은 워치 앱 생태계에 달려 있다고 판단했다. 따라서 애플 워치를 출시하기에 앞서, 개발자가 애플 워치 앱을 개발할 수 있도록 SDK부터 공개했다.

이 책은 애플 워치 프로그래밍이라는 험난한 여정에 처음 뛰어든 독자 여러분에게 길잡이 역할을 할 수 있도록 여러 가지 튜토리얼을 모아둔 것으로서, 처음 애플 워치 프로그래밍을 시작하는 데 꼭 알아야 할 기본적인 주제를 모두 담고 있다. 이 책에서는 애플 워치 프로그래밍을 다루는 만큼, 다음과 같은 독자를 대상으로 집필했다.

- 아웃렛이나 액션과 같은 개념 정도는 알고 있는 iOS 애플리케이션 개발 경험이 있는 개발자
- 스위프트Swift 언어에 익숙한 독자. 아직 스위프트를 모른다면 다음 절에 소개하는 자료를 참고한다.

이 책의 준비 사항

이 책에서 설명하는 내용을 제대로 이해하고 활용하려면 다음과 같은 사항을 준비해야 한다.

- 맥 OS X 요세미티Yosemite(v10.10) 이상이 설치된 맥 머신과 엑스코드Xcode
- 최신 버전의 엑스코드는 맥 앱스토어에서 다운로드할 수 있다. 이 책에서 소개하는 예제 코드는 엑스코드 6.3에서 작성하고, 번역서는 6.4에서 검증했다.
- 실제 기기에서 테스트하려면 유료 iOS 개발자 프로그램에 가입해야 한다 (https://developer.apple.com/programs/ios/). 개인 개발자는 연회비로 12,900원 (99달러)을 내야 한다. 이 프로그램에 등록했다면, 실제 장치에 앱을 설치하는 과정에서 앱을 서명할 인증서를 요청한다. 실제 장치에 앱을 설치할 때 해당 장치에 대한 프로비저닝 프로파일도 생성해야 한다. 당연히 아이폰과 페어링할 수 있는 애플 워치도 있어야 한다. 애플 워치는 아이폰 5 이상(5c, 5s, 6, 6플러스)만 지원한다.
- 이 책에 나온 예제는 모두 아이폰 시뮬레이터에서 테스트한 것이기 때문에, 실제 장치가 없어도 실행해볼 수 있다. 그러나 몇몇 예제는 iOS 개발자 프로그램 iOS Developer Program 계정과 유효한 프로비저닝 프로파일이 있어야 실행할 수 있다. 따라서 실제 애플 워치가 없고, 실제 장치에서 앱을 테스트하지 않더라도, 이러한 예제를 실행하려면 유료 iOS 개발자 계정이 있어야 한다.
- 이 책에 나온 예제 중 일부는 인터넷에 연결되어 있어야 제대로 실행된다. 따라서 이런 예제를 구동하기 전에 인터넷에 연결되어 있는지 확인한다.

- 이 책의 예제는 모두 스위프트로 작성했다. 스위프트에 대해 아직 모른다면, 내가 쓴 『가장 쉬운 Swift 입문』(비제이퍼블릭, 2015)을 참고하거나 Swift Cheat Sheets(http://weimenglee.blogspot.sg/2014/11/swift-cheat-sheets-download-today.html)를 다운로드해서 살펴보기 바란다.

이 책의 구성

이 책은 튜토리얼 스타일로 집필했다. 따라서 예제를 따라하는 방식으로 개념을 설명한다. 새로운 기술을 익히는 데 좋다고 검증된 방식이므로, 예제가 나올 때마다 항상 직접 작성해보기 바란다.

- **1장. 워치킷 프로그래밍 시작** 이 장에서는 애플 워치 애플리케이션의 구조와 iOS 앱과의 관계에 대해 소개한다. 그리고 간단한 애플 워치 앱을 직접 작성해서 시뮬레이터로 실행해본다.
- **2장. 애플 워치 인터페이스 내비게이션** 이 장에서는 한 단계 더 나가서 애플 워치 앱에서 여러 화면을 이동(내비게이션)하는 방법에 대해 소개한다. 이 과정에서 여러 화면끼리 데이터를 주고받는 방법과, 각 화면의 룩앤필을 커스터마이즈하는 방법에 대해 살펴본다.
- **3장. 애플 워치 UI** 애플 워치 애플리케이션의 UI를 디자인하는 방법은 아이폰 앱과 거의 비슷하다. 다만 애플 워치는 아이폰보다 화면이 작기 때문에, 앱의 기능을 제대로 발휘하려면 화면의 1mm도 소중히 활용해야 한다. 이 장에서는 애플 워치 앱의 UI를 구성하는 과정에서 다양한 UI 컨트롤을 사용하는 방법에 대해 소개한다.
- **4장. iOS 앱 연결** 이 장에서는 워치 애플리케이션에 추가할 수 있는 여러 가지 흥미로운 기능에 대해 소개한다. 앱을 현지화localization하는 방법을 비롯해 워치 앱과 컨테이너 iOS 앱이 통신하는 방법, 웹 서비스를 호출하는 방법 등에 대해 배워볼 것이다.

- 5장. 알림   이 장에서는 애플 워치에 알림을 구현하는 방법에 대해 알아본다. 아이폰이 받은 알림을 애플 워치로 전달하는 방법과, 이러한 알림을 커스터마이즈하여 주요 내용을 사용자에게 최대한 빨리 보여주는 방법에 대해 살펴본다.
- 6장. 글랜스   애플 워치에서 제공하는 글랜스glance 기능을 활용하면 사용자는 앱에서 제공하는 정보를 빠르게 수집할 수 있다. 가령 인스타그램에 대한 글랜스를 통하면 최근에 새로 공유된 사진만 볼 수 있고, 트위터의 경우 최근 이슈가 되는 트윗만 살펴볼 수 있다. 이 장에서는 자신이 제작한 앱에 대한 글랜스를 구현하는 방법에 대해 소개한다.

예제 코드

이 책에서 소개하는 모든 예제는 UI를 화려하게 꾸미거나, 여러 가지 에러 검사를 수행하는 등의 자잘한 작업을 하느라 헤매지 않고, 기본 개념을 명확히 이해하는 데 집중할 수 있도록 최대한 간결하게 작성했다. 즉, 최대한 간단한 예제로 핵심 개념을 전달하는 데 주안점을 뒀다. 물론 실전에서는 최대한 다양한 에러에 대처하고, 사용자에게 편한 UI를 제공하도록 작성해야 한다. 예제를 작성하는 과정에서 몇 가지 가이드라인을 제시하긴 했지만, 결국 이를 활용하고 창의력을 발휘하여 차세대 킬러 앱을 개발하는 것은 전적으로 여러분의 역량에 달렸다.

예제 코드 다운로드

이 책에서 소개하는 예제 코드는 Informit.com의 informit.com/title/9780134195445 페이지로 가서 **Extras** 탭을 클릭하여 다운로드할 수 있다. 또한 에이콘출판사의 도서정보 페이지인 http://www.acornpub.co.kr/book/apple-watchkit에서도 예제 코드를 다운로드할 수 있다.

저자 연락처

이 책에 대한 의견과 질문이 있다면 weimenglee@learn2develop.net으로 메일을 보내거나, 저자의 웹사이트인 learn2develop.net을 방문하기 바란다. 한국어판에 관한 질문은 이 책의 옮긴이나 에이콘출판사 편집팀(editor@acornpub.co.kr)으로 문의해주길 바란다.

1

워치킷 프로그래밍 시작

디자인이란 용어는 좀 미묘하다. 흔히 표현 방식을 의미한다고 생각하지만,
자세히 들여다보면 본질은 작동 방식에 있다는 것을 알게 된다.

– 스티브 잡스

현지 날짜로 2014년 9월 9일에 열린 애플 특별 이벤트에서 애플의 CEO인 팀 쿡
은 자사의 스마트 워치인 애플 워치를 공식적으로 발표했다. 애플에서는 아이폰과
아이패드가 출시된 이후에 또 다른 혁신을 불러일으킬 제품으로 애플 워치를 내세
우고 있으며, 아이폰이 스마트폰 업계를 변화시키고 아이패드가 태블릿 시장에 영
향을 미친 것처럼, 애플 워치도 웨어러블 업계를 평정할 것으로 기대하고 있다.

이 장에서는 애플 워치 애플리케이션의 구조와 iOS 앱과의 관계에 대해 소개한
다. 이 과정에서 단순히 이론적으로 설명하는 데 그치지 않고, 간단한 예제를 통해
여러분이 직접 애플 워치 앱을 작성해서 시뮬레이터에 돌려볼 수 있게 할 것이다.

애플 워치의 사양

애플 워치는 S1이라 부르는 애플에서 직접 제작한 칩을 장착하고 있다. 워치의 뒷면에는 심박 센서heart rate sensor가 장착되어 있는데, 여러 개의 LED와 광다이오드photodiode로 구성되어 있으며 세라믹 커버로 덮여 있다. 워치에는 가속도계accelerometer와 와이파이WiFi, 저전력 블루투스BLE, Bluetooth Low Energy와 GPS도 장착하고 있다.

애플 워치는 크기에 따라 두 가지 버전으로 제공된다(그림 1.1).

- **38mm 워치**: 272×340픽셀의 해상도
- **42mm 워치**: 312×390픽셀의 해상도

그림 1.1 애플 워치의 크기에 따른 해상도 차이

애플 워치는 다음과 같은 인터페이스를 통해 다룰 수 있다.

- **디지털 크라운**Digital Crown: 아이템 리스트/목록을 스크롤하거나 이미지를 확대 또는 축소하는 등의 조작을 할 수 있다. 디지털 크라운을 꾹 누르고 있으면 홈 화면으로 돌아가는 홈 버튼 기능도 한다.
- **포스 터치**Force Touch: 감압 방식pressure-sensitive 터치 스크린을 장착하여 탭과 누르기를 구분할 수 있다.

- **탭틱 엔진**Taptic Engine: 햅틱 피드백 시스템으로, 손목을 탭하여(두드려) 알림이 온 것을 알려주거나, 디지털 크라운을 돌릴 때 진동하는 등의 기능을 제공한다.

개발 도구

애플 워치 애플리케이션을 개발하려면 엑스코드Xcode 6.3 이후 버전이 필요하며, 맥 앱스토어에서 다운로드할 수 있다.

> **이 책에서 사용한 엑스코드 버전**
> 이 책에서 소개하는 예제는 엑스코드 6.3에서 작성했고, 번역 시점에선 6.4 정식 버전으로 검증했다.

엑스코드 6.3부터 애플 워치 애플리케이션을 제작하기 위한 프레임워크인 워치 킷WatchKit도 함께 제공된다. 워치용 시뮬레이터도 제공되기 때문에 실제 장치가 없어도 작성한 애플 워치 애플리케이션을 테스트해볼 수 있다.

> **워치킷이란?**
> 워치킷(WatchKit)은 기존에 iOS 앱을 개발할 때 사용하던 코어 로케이션(CoreLocation)이나 맵킷 (MapKit)처럼 애플 워치 애플리케이션을 개발하는 데 필요한 클레스를 제공하는 프레임워크다.

워치킷 앱의 구조

애플 워치에서 서드 파티 앱을 구동하려면 아이폰이 있어야 한다. 애플 워치 앱은 번들bundle이라 부르는 두 개의 컴포넌트로 구성된다.

- 애플 워치에서 실행되는 워치킷 앱
- 아이폰에서 실행되는 워치킷 익스텐션WatchKit Extension

그림 1.2는 두 번들의 관계를 보여주고 있다. 이들은 BLE로 서로 통신한다. 통신에 관련된 세부 사항은 모두 워치킷 프레임워크에서 처리해주기 때문에, 개발자는 여기에 신경 쓰지 않아도 된다.

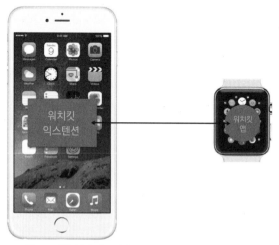

그림 1.2 애플 워치 애플리케이션을 구성하는 두 번들의 관계

워치킷 앱은 워치킷 애플리케이션의 UI에 필요한 리소스와 스토리보드만 갖고 있다. 워치킷 애플리케이션의 실제 동작에 필요한 코드는 워치킷 익스텐션에 있다.

애플 워치 앱 설치

이처럼 워치킷 앱은 워치킷 익스텐션과 밀접하게 연결되어 있기 때문에, 두 번들을 하나의 iOS 앱 번들로 합쳐서 패키지로 만든다(그림 1.3). 따라서 애플 워치 애플리케이션을 만들기 위해서는 먼저 아이폰 애플리케이션부터 작성해야 한다.

그림 1.3 하나의 iOS 앱 번들로 구성된 워치킷 앱의 구조

이렇게 워치킷 앱과 워치킷 익스텐션으로 구성된 iOS 애플리케이션을 사용자가 설치할 때 페어링할 수 있는 애플 워치를 발견하면 여기에 워치킷 앱을 설치할지 물어본다. 애플 워치에 워치킷 앱이 설치됐다면 애플 워치 홈 화면에서 직접 구동할 수 있다.

애플 워치와 아이폰의 상호 작용 방식

그림 1.4는 애플 워치에서 구동하는 워치킷 앱과 아이폰에서 구동하는 워치킷 익스텐션이 상호 작용하는 과정을 보여주고 있다. 사용자가 워치킷 앱을 다루는 동작은 워치킷 프레임워크를 통해 워치킷 익스텐션에서 모두 처리한다. 워치킷 프레임워크는 애플 워치와 아이폰이 서로 통신할 때 BLE를 사용한다. 다행히 애플 워치 개발자는 BLE 통신에 대한 세부 사항은 몰라도 된다.

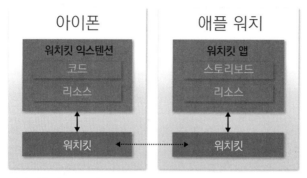

그림 1.4 워치킷 앱을 다루는 동작은 워치킷 프레임워크를 통해 워치킷 익스텐션에서 처리한다

iOS 앱과 통신

워치킷 익스텐션은 워치킷 앱이 구동하는 동안에만 실행되며, 백그라운드에서 실행하는 기능은 지원하지 않는다. 따라서 위치 정보를 알아내거나 웹 서비스를 호출하는 것처럼 처리하는 데 시간이 좀 걸리는 작업은 백그라운드로 실행할 수 있는 iOS 앱에서 처리하게 하는 것이 좋다(그림 1.5).

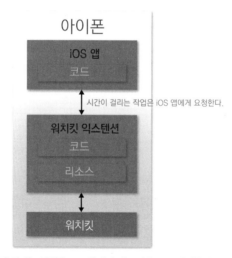

그림 1.5 시간이 걸리는 작업은 iOS 앱에서 백그라운드로 처리한다

애플 워치 애플리케이션의 종류

현재 버전의 워치킷에서는 다음과 같이 세 가지 종류의 애플 워치 애플리케이션을
만들 수 있다.

- **워치킷 앱**: 애플 워치에서 구동되는 앱으로, 아이폰에서 실행되는 애플리케이션
  로직과 상호 작용한다.
- **글랜스**Glance: 사용자에게 앱의 핵심 정보를 보여주기 위한 보조 수단으로서, 사
  용자와 직접 상호 작용하는 기능은 제공하지 않으며, 글랜스를 탭하면 워치킷
  앱이 구동된다. 여기에 대한 자세한 사항은 6장에서 설명한다.
- **알림**Notification: 아이폰에서 받은 로컬 또는 원격 알림을 화면에 표시한다. 이러한
  알림 인터페이스는 앱에서 커스터마이즈할 수 있다(알림에 대한 자세한 사항은 5장에
  서 설명한다).

Hello World 예제

이제 기본적인 구조를 파악했으니, 실제로 동작하는 앱을 직접 만들고 싶어 몸이
근질근질할 것이다. 그렇다면 곧바로 본론으로 들어가보자. 아직 엑스코드를 설
치하지 않았다면 다운로드하고 설치한다. 이 절에서는 첫 애플 워치 앱을 만들어
본다.

아이폰 프로젝트 생성

애플 워치 애플리케이션을 작성하려면 먼저 아이폰 애플리케이션부터 만들어야 한다. 구체적인 단계는 다음과 같다.

1. 엑스코드를 띄우고 Single View Application 템플릿을 선택한다(그림 1.6).

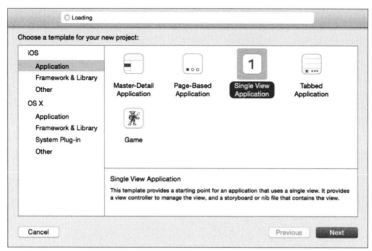

그림 1.6 엑스코드에서 Single View Application 프로젝트 만들기

2. Next를 클릭한다.

3. 다음과 같이 프로젝트의 이름을 정한다(그림 1.7).

Product Name: HelloAppleWatch

Organization Name: 자신이 속한 회사나 조직의 이름을 입력한다.

Organization Identifier: 보통 소속 조직의 도메인 네임을 역순으로 적는다(예: com.example). 번들의 식별자(ID)는 Organization Name과 Product Name을 합쳐서 만든다. 작성한 앱을 앱스토어에 등록하려면, 번들 ID를 반드시 고유한 값으로 정해야 한다.

Language: Swift

Devices: iPhone

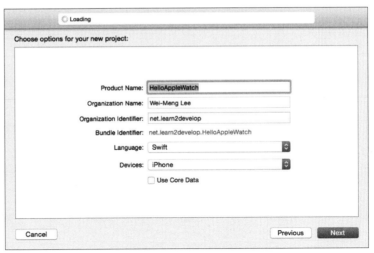

그림 1.7 아이폰 프로젝트 이름 정하기

4. Next를 클릭한다.

5. 맥에서 프로젝트를 저장할 폴더를 선택하고, Create를 클릭한다. 프로젝트가 제
   대로 생성됐다면, 엑스코드 화면이 그림 1.8처럼 표시된다.

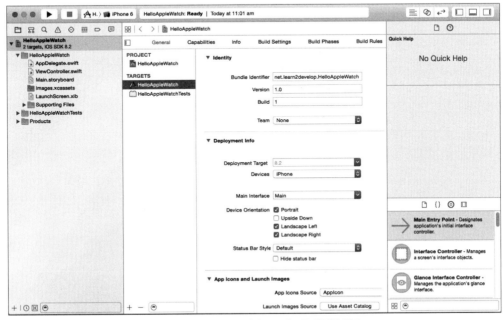

그림 1.8 엑스코드에서 프로젝트를 생성한 화면

지금까지 아이폰 애플리케이션 프로젝트를 만드는 과정을 살펴봤다. 다음 절에서는 이렇게 만든 프로젝트에 워치킷 익스텐션과 워치킷 앱을 추가하는 방법에 대해 살펴보자.

워치킷 앱 타깃 추가

앞 절에서 만든 프로젝트에 워치킷 익스텐션과 워치킷 앱을 추가하려면, 먼저 타깃을 지정해야 한다. 방법은 다음과 같다.

1. 엑스코드 메뉴에서 File > New > Target...을 선택한다(그림 1.9).

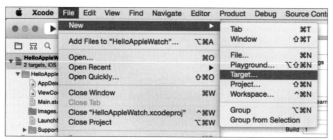

그림 1.9 애플 워치 애플리케이션을 만들려면, 먼저 아이폰 프로젝트에 타깃을 지정해야 한다

2. 화면 왼쪽의 iOS 항목 아래에서 Apple Watch를 선택하고, 오른쪽 화면에 있는 WatchKit App 템플릿을 선택한 뒤, 하단에 있는 Next를 클릭한다(그림 1.10).

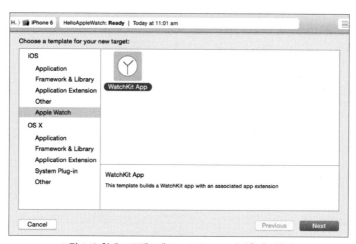

그림 1.10 현재 프로젝트에 WatchKit App 타깃을 추가한다

3. 그러면 그림 1.11과 같은 다이얼로그가 뜬다. 다른 부분은 건드리지 말고, 아무런 기능도 추가되지 않은 워치킷 프로젝트를 생성하도록 Include Notification Scene 옵션이 선택된 부분만 해제한 뒤, Finish를 클릭한다.

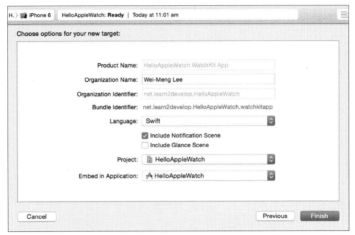

그림 1.11 현재 프로젝트에 WatchKit 프로젝트 추가하기

노트
알림에 대해서는 5장, 글랜스에 대해서는 6장에서 자세히 설명한다.

이제 새로 생성된 HelloAppleWatch WatchKit App이라는 스킴을 활성화할지 물어보는 창이 나타난다(그림 1.12). 이 스킴을 활성화해 두면, 나중에 애플 워치 애플리케이션을 디버깅할 때 편하다.

그림 1.12 WatchKit App 타깃을 추가하면 프로젝트에 새로운 스킴이 추가된다

4. Activate를 클릭한다.

이제 프로젝트는 그림 1.13과 같이 구성된다.

그림 1.13 프로젝트의 세 가지 주요 구성 요소인 iOS 앱과 워치킷 익스텐션과 워치킷 앱

그림 1.13에서 선택한 세 그룹은 다음과 같다.

- HelloAppleWatch: 워치킷 앱에 대한 컨테이너 역할을 하는 iOS 앱
- HelloAppleWatch WatchKit Extension: 아이폰에서 구동되는 워치킷 익스텐션
- HelloAppleWatch WatchKit App: 애플 워치에서 구동되는 워치킷 앱

HelloAppleWatch WatchKit App 항목 아래에서 Interface.storyboard라는 파일이 있는 것을 볼 수 있다. 이 파일은 애플 워치 앱의 UI를 담고 있는 스토리보드 파일 이다. HelloAppleWatch WatchKit Extension 항목에는 InterfaceController.swift라는 파일이 있는 것을 볼 수 있는데, 사용자가 애플 워치 앱을 다룰 때 실제로 작동할 코드가 여기에 담겨 있다.

스토리보드 확인

이제 HelloAppleWatch WatchKit App 그룹에 있는 Interface.storyboard 파일을 한 번 살펴보자. 이 파일을 선택하면 스토리보드 에디터Storyboard Editor에 나타난다(그림 1.14). 이 파일에는 인터페이스 컨트롤러Interface Controller 하나가 있는데, 이는 아이폰 애플리케이션의 뷰 컨트롤러View Controller와 비슷한 역할을 한다. 따라서 사용자가 애플 워치에 앱을 실행시키면, 메인 스토리보드에 있는 초기 인터페이스 컨트롤러가 로드된다.

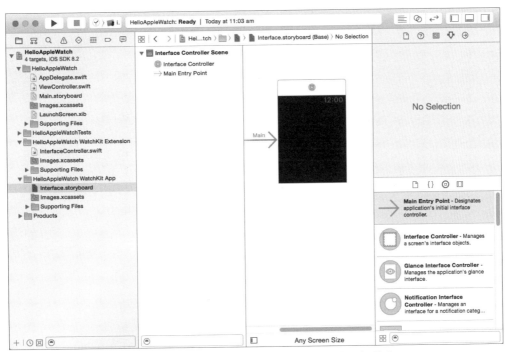

그림 1.14 애플 워치 앱의 UI를 표시하는 인터페이스 컨트롤러

인터페이스 컨트롤러를 선택하고, 아이덴티티 인스펙터 창에 있는 Class 속성을 살펴보면, InterfaceController 클래스가 지정되어 있는 것을 볼 수 있다(그림 1.15).

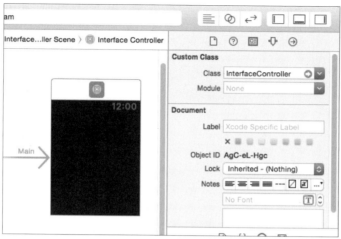

그림 1.15 인터페이스 컨트롤러 클래스

워치킷 앱 생명 주기

InterfaceController 클래스는 InterfaceController.swift 파일에 정의되어 있다. 이 파일은 HelloAppleWatch WatchKit Extension 그룹에 속해 있다. InterfaceController 클래스의 코드는 예제 1.1과 같다.

예제 1.1 InterfaceController 클래스

```
import WatchKit
import Foundation

class InterfaceController: WKInterfaceController {

    override func awakeWithContext(context: AnyObject?) {
        super.awakeWithContext(context)

        // 여기에 인터페이스 오브젝트를 설정한다.
    }

    override func willActivate() {
        // 이 메소드는 워치 뷰 컨트롤러가 사용자에게 표시될 때 호출된다.
        super.willActivate()
```

```
    }

    override func didDeactivate() {
        // 이 메소드는 워치 뷰 컨트롤러가 화면에 더 이상 나타나지 않을 때 호출된다.
        super.didDeactivate()
    }

}
```

InterfaceController 클래스는 WKInterfaceController 클래스의 서브 클래스다. WKInterfaceController 클래스에는 인터페이스 컨트롤러의 생명 주기를 처리하는 메소드가 다음과 같이 정의되어 있으며, 이 클래스를 상속할 때 이러한 메소드를 오버라이드할 수 있다.

- **init** - 인터페이스 컨트롤러 오브젝트에 대한 초기화 메소드(initializer). 이 메소드는 엑스코드에서 기본적으로 생성해주지 않는다는 점에 주의한다.
- **awakeWithContext**: - 인터페이스 컨트롤러가 최초로 화면에 표시될 때 호출된다. 오브젝트를 초기화하거나 UI를 업데이트할 때 주로 사용된다.
- **willActivate** - UI가 사용자에게 표시될 때 호출된다. UI를 업데이트하거나 타이머를 설정할 때 주로 사용된다.
- **didDeactivate** - 사용자가 앱을 종료하거나 애플 워치를 더 이상 사용하지 않을 때 호출된다. 리소스를 정리하거나 데이터를 저장할 때 주로 사용된다.

> **노트**
> 인터페이스 뷰 컨트롤러의 생명 주기에 대해서는 2장에서 자세히 설명한다.

인터페이스 컨트롤러 수정

이제 전반적인 동작에 관련된 구조와 작동 과정에 대해 알았으니, 직접 뭔가 만들어보자. 오브젝트 라이브러리Object Library에서 레이블Label 뷰 하나를 Interface. storyboard 파일에 있는 인터페이스 컨트롤러에 드래그 앤 드롭해보자(그림 1.16).

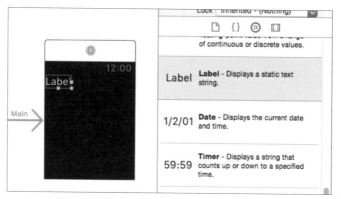

그림 1.16 인터페이스 컨트롤러에 레이블 뷰 한 개 추가하기

　　그리고 추가한 레이블 뷰를 더블 클릭해서 'Hello, World!'라는 글자를 입력한 다(그림 1.17).

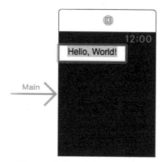

그림 1.17 레이블 뷰에 글자 입력하기

시뮬레이터에서 애플리케이션 실행

마지막으로 아이폰 시뮬레이터에서 애플리케이션을 테스트해보자. 이를 위해 먼저 엑스코드에서 예제 앱의 스킴을 HelloAppleWatch WatchKit App으로 지정한다(그림 1.18). 그리고 아이폰 6 시뮬레이터를 선택한다. 이제 **커맨드+R** 키를 눌러 애플리케이션을 아이폰 시뮬레이터에 배치한다.

36

그림 1.18 프로젝트를 실행하기 전에 HelloAppleWatch WatchKit App 스킴을 선택해야 한다

아이폰 시뮬레이터가 구동되면 아이폰 6 시뮬레이터에 아이폰 앱이 설치된다. 여기서는 앱의 스킴을 HelloAppleWatch WatchKit App으로 선택했기 때문에, 아이폰 앱은 설치만 될 뿐 구동되지 않고, 워치킷 앱만 실행된다. 애플 워치 시뮬레이터가 보이지 않는다면, Hardware ➤ External Displays 메뉴로 가서 원하는 워치 크기를 선택한다(그림 1.19).

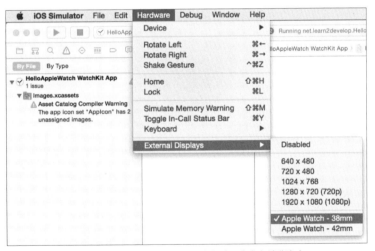

그림 1.19 화면에 표시할 애플 워치 시뮬레이터 선택하기

이제 그림 1.20처럼 애플 워치 시뮬레이터에서 예제 애플리케이션이 실행되는 것을 볼 수 있다.

그림 1.20 첫 번째 애플 워치 애플리케이션을 애플 워치 시뮬레이터에서 실행하는 모습

정리

이 장에서는 애플 워치에 대한 기본적인 사항에 대해 살펴봤다. 먼저 워치의 규격과 사양을 소개하고, 우리가 만들 서드 파티 앱의 구조에 대해 설명했다. 여기서 명심할 점은 애플 워치 앱의 동작은 아이폰에서 처리한다는 것이다. 이러한 방식을 사용하면 워치에서 처리해야 할 작업이 크게 줄기 때문에, 모든 웨어러블 기기의 고민거리인 배터리 사용 시간을 크게 향상시킬 수 있다.

이론만 소개하는 데 그치지 않고, 간단한 애플 워치 애플리케이션을 직접 작성해서 애플 워치 시뮬레이터에서 실행시켜봤다. 다음 장에서는 애플 워치 애플리케이션을 제작할 때 사용할 수 있는 다양한 뷰를 소개할 것이다. 또한 컨테이너 iOS 앱과 애플 워치 앱이 서로 통신하는 방법에 대해서도 살펴본다.

2

애플 워치 인터페이스 내비게이션

특정 사용자 층에 맞춰서 제품을 디자인하기는 굉장히 힘들다.
제품을 직접 보여주기 전까지는 그들도 무엇을 원하는지 모르는 경우가 태반이다.

– 스티브 잡스

1장에서는 애플 워치의 사양과 기능에 대해 살펴봤다. 그리고 엑스코드로 간단한
애플 워치 앱도 만들어서, 애플 워치 시뮬레이터로 테스트해봤다. 이 장에서는 애
플 워치 애플리케이션에서 여러 화면을 이동하는 방법에 대해 자세히 알아보자.

인터페이스 컨트롤러와 스토리보드

1장에서 설명한 바와 같이, 애플 워치 애플리케이션의 UI는 스토리보드 파일에 담
겨 있다. 스토리보드 파일에는 인터페이스 컨트롤러가 있는데, 이를 통해 애플 워
치에 표시할 화면을 구성한다. 이 절에서는 새로운 프로젝트를 하나 생성해서 스토
리보드에 대해 좀 더 자세히 살펴보자.

1. 엑스코드에서 'LifeCycle'라는 이름으로 Single View Application 프로젝트를 생성한다.

2. 프로젝트에 WatchKit App 타깃을 추가한다. 아무런 기능도 추가되지 않은 워 치킷 프로젝트를 생성하도록 Include Notification Scene 옵션을 해제한다.

> **노트**
> 기존 프로젝트에 WatchKit App 타깃을 추가하는 방법에 대해서는 1장을 참고한다.

3. 프로젝트에 타깃을 추가했다면, 그림 2.1과 같이 LifeCycle WatchKit App 그 룹 아래에 있는 Interface.storyboard 파일을 선택한다. 그러면 스토리보드 편 집기Storyboard Editor에 파일이 열린다.

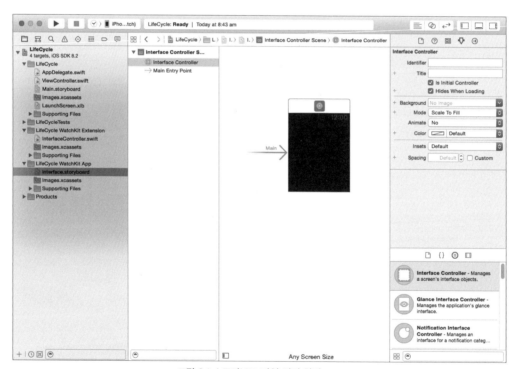

그림 2.1 스토리보드 파일 편집 화면

4. 인터페이스 컨트롤러를 선택하고 아이덴티티 인스펙터 창을 보면, Class 항목이 InterfaceController로 설정되어 있는데(그림 2.2), 스위프트 코드에서는 `InterfaceController` 클래스로 표현된다.

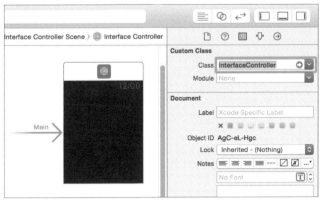

그림 2.2 인터페이스 컨트롤러는 InterfaceController라는 이름의 스위프트 클래스로 표현됨

5. 애트리뷰트 인스펙터 창을 보면 Is Initial Controller 속성이 체크된 것을 볼 수 있다(그림 2.3). 이렇게 하면 현재 인터페이스 컨트롤러를 애플리케이션이 로드될 때 화면에 표시할 기본 인터페이스 컨트롤러로 지정한다.

그림 2.3 'Is Initial Controller' 속성을 통해 애플리케이션이 로드될 때
현재 인터페이스 컨트롤러를 화면에 표시하도록 설정하는 모습

인터페이스 컨트롤러의 생명 주기

1장에서 설명한 바와 같이, 인터페이스 컨트롤러는 프로젝트의 WatchKit Extension 그룹에 있는 스위프트 클래스에 연결된다. 예제 코드에서는 이렇게 연결된 스위프트 클래스의 이름이 InterfaceController.swift가 된다. 코드는 다음과 같다.

```swift
import WatchKit
import Foundation

class InterfaceController: WKInterfaceController {

    override func awakeWithContext(context: AnyObject?) {
        super.awakeWithContext(context)

        // 여기에 인터페이스 오브젝트를 설정한다.
    }

    override func willActivate() {
        // 워치 뷰 컨트롤러가 화면에 표시될 때 이 메소드가 호출된다.
        super.willActivate()
    }

    override func didDeactivate() {
        // 워치 뷰 컨트롤러가 더 이상 화면에 표시되지 않을 때 이 메소드가 호출된다.
        super.didDeactivate()
    }
}
```

여기서 핵심은 다음과 같은 세 개의 메소드에 있다.

- **awakeWithContext** - 초기화 단계에 시스템에서 이 메소드를 호출한다. 이전 인터페이스 컨트롤러에서 전달할 컨텍스트 데이터가 있다면 이 메소드를 호출할 때 함께 전달한다. 화면에 표시할 UI를 초기화하고 구성할 때 뿐만 아니라, 다른 인터페이스 컨트롤러에서 전달된 데이터를 가져오려면, 반드시 이 메소드를 사용해야 한다(데이터를 전달하는 방법에 대해서는 뒤에서 자세히 설명한다).

- **willActivate** – 인터페이스 컨트롤러를 화면에 표시할 때 시스템에서 이 메소드를 호출한다. UI를 표시하기 직전에 뭔가 바꾸고 싶다면 이 메소드에서 처리한다. UI를 초기화하는 작업은 여기서 하지 말고 awakeWithContext 메소드에서 처리한다.
- **didDeactivate** – 인터페이스 컨트롤러를 더 이상 화면에 표시하지 않을 때 이 메소드가 호출된다. 타이머를 제거하고 상태 정보를 저장하는 등의 인터페이스 컨트롤러를 정리하는 작업을 이 메소드에서 처리한다.

방금 소개한 세 가지 메소드와 더불어, 다음과 같이 인터페이스 컨트롤러 클래스에 초기화 메소드를 추가할 수도 있다.

```
override init() {
    super.init()
}
```

인터페이스 컨트롤러를 초기화하는 작업을 이 메소드에서 처리해도 되지만, UI를 초기화하는 작업은 awakeWithContext:에서 처리하는 것이 좋다.

그럼 지금까지 소개한 메소드가 구체적으로 어떻게 동작하는지 살펴보도록 다음과 같이 코드를 작성해보자.

1. 굵게 표시한 문장을 InterfaceController.swift 파일에 추가한다.

```
import WatchKit
import Foundation

class InterfaceController: WKInterfaceController {

    override init() {
        super.init()
        println("In the init initializer")
    }

    override func awakeWithContext(context: AnyObject?) {
        super.awakeWithContext(context)
```

```swift
        // 여기서 인터페이스 오브젝트를 설정한다.
        println("In the awakeWithContext event")
    }

    override func willActivate() {
        // 워치 뷰 컨트롤러가 화면에 표시될 때 이 메소드가 호출된다.
        super.willActivate()
        println("In the willActivate event")
    }

    override func didDeactivate() {
        // 워치 뷰 컨트롤러가 더 이상 화면에 표시되지 않을 때
        // 이 메소드가 호출된다.
        super.didDeactivate()
        println("In the didDeactivate event")
    }
}
```

2. 아이폰 6 시뮬레이터에서 애플리케이션을 실행시킨다. 애플리케이션이 애플 워치 시뮬레이터에 로드될 때, 엑스코드의 Output 창에 그림 2.4와 같이 문장이 표시되는 것을 볼 수 있다. 인터페이스 컨트롤러가 로드될 때 init과 awakeWithContext:와 willActivate가 언제 호출되는지 살펴보자.

> **노트**
> Output 창이 열려 있지 않다면, 엑스코드에서 커맨드+시프트+C 키를 눌러 창을 하나 띄운다.

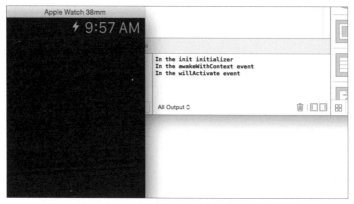

그림 2.4 인터페이스 컨트롤러가 로드될 때 발생하는 이벤트 관찰하기

3. 애플 워치 시뮬레이터를 선택한 상태에서, Hardware > Lock 메뉴를 선택해서 애플 워치를 잠근다. 그리고 Output 창에 표시되는 메시지를 지켜본다. 그러면 `didDeactivate` 메소드가 호출되는 것을 확인할 수 있다.

> **노트**
> didDeactivate 메소드는 인터페이스 컨트롤러가 교체될 때도 호출된다.

그림 2.5 인터페이스 컨트롤러가 비활성화될 때 호출되는 메소드 확인하기

> **노트**
> 애플 워치 시뮬레이터의 잠금 상태를 해제하려면, Hardware > Home 메뉴를 선택한 뒤에 아이폰 시뮬레이터의 화면 아래쪽을 왼쪽에서 오른쪽 방향으로 스와이프해서 아이폰 시뮬레이터의 잠금 상태를 해제해야 한다.

인터페이스 컨트롤러 내비게이션

애플 워치 앱에서 화면을 표시하는 기본 단위는 인터페이스 컨트롤러(타입은 `WKInterfaceController`)다. 만드는 애플리케이션의 성격에 따라 UI를 여러 개의 인터페이스 컨트롤러로 구성하기도 한다. 애플 워치에서는 이렇게 여러 개로 구성된 인터페이스 컨트롤러를 내비게이션할 때, 다음과 같이 두 가지 방식으로 처리할 수 있다.

- **계층형 내비게이션**: 화면에 다른 인터페이스 컨트롤러를 푸시_{push}하는 방식으로서, 사용자가 특정한 작업을 수행하기 위해 연속된 단계를 따라가도록 구성할 때 주로 이 방식을 사용한다.

- **페이지 기반 내비게이션**: 현재 인터페이스 컨트롤러 위에 다른 인터페이스 컨트롤러를 표시하는 방식으로서, 인터페이스 컨트롤러마다 표시하는 내용의 성격이 서로 다를 때 주로 이 방식을 사용한다. 사용자가 화면을 스와이프해서 여러 개의 인터페이스 컨트롤러를 연속으로 표시할 때도 이 방식을 적용해도 된다.

> **아이폰 앱 개발과 비슷한 점**
> 페이지 기반 내비게이션 방식은 아이폰에서 모달 뷰 컨트롤러를 표시할 때 사용하던 방식과 비슷하고, 계층형 내비게이션 방식은 아이폰의 내비게이션 컨트롤러와 비슷하다.

계층형 내비게이션

계층형 인터페이스는 항상 루트 인터페이스 컨트롤러부터 시작한다. 그래서 화면에 버튼과 같은 컨트롤을 탭 할 때마다, 다음 인터페이스 컨트롤러를 푸시하는 방식으로 이동한다.

1. 엑스코드에서 'UINavigation'이라는 이름으로 Single View Application 프로젝트를 생성한다.

2. 프로젝트에 WatchKit App 타깃을 추가한다. 아무런 기능도 추가되지 않은 워치킷 프로젝트를 생성하도록 Include Notification Scene 옵션을 해제한다.

3. UINavigation WatchKit App 그룹에 있는 Interface.storyboard 파일을 선택해서 스토리보드 편집기를 연다.

4. 스토리보드 편집기에 인터페이스 컨트롤러 오브젝트를 하나 더 드래그 앤 드롭한다(그림 2.6). 이제 두 개의 인터페이스 컨트롤러로 구성된다.

그림 2.6 스토리보드에 인터페이스 컨트롤러 하나 더 추가하기

5. 그림 2.7처럼 첫 번째 인터페이스 컨트롤러에 버튼을 추가하고, 버튼을 더블 클
   릭해서 타이틀을 'Next Screen'으로 변경한다.

그림 2.7 첫 번째 인터페이스 컨트롤러에 버튼 추가하기

6. 컨트롤Control 키를 누른 상태에서 Next Screen 버튼을 클릭해서 두 번째 인터페
   이스 컨트롤러로 드래그 앤 드롭한다(그림 2.8).

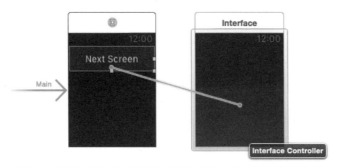

그림 2.8 컨트롤 키를 누른 상태에서 버튼을 클릭한 뒤에 두 번째 인터페이스
컨트롤러로 드래그 앤 드롭하기

7. 그러면 세그웨이segue의 동작을 지정하는 Action Segue라는 팝업이 뜨는 것을
볼 수 있다. 여기서 push를 선택한다(그림 2.9).

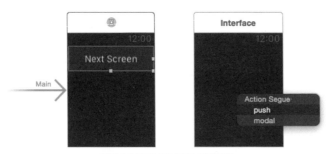

그림 2.9 푸시 세그웨이 생성하기

8. 그러면 그림 2.10처럼 첫 번째와 두 번째 인터페이스 컨트롤러를 연결해주는
세그웨이가 하나 생성된다.

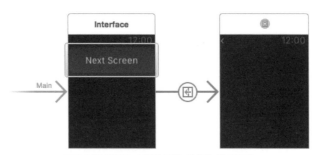

그림 2.10 액션을 수행한 뒤에 생성된 세그웨이

9. 방금 생성한 세그웨이를 선택한 뒤, 애트리뷰트 인스펙터 창에서 세그웨이의 식별자를 hierarchical로 지정한다(그림 2.11). 여기서 지정한 식별자는 나중에 코드에서 사용한다.

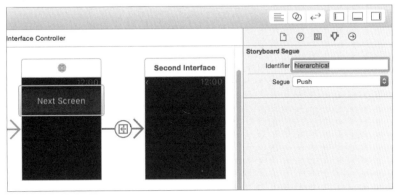

그림 2.11 생성한 세그웨이에 대한 식별자 지정하기

10. 두 번째 인터페이스 컨트롤러에 레이블을 하나 추가한다(그림 2.12). 레이블에 긴 텍스트를 넣을 수 있도록 애트리뷰트 인스펙터 창에서 레이블의 Lines 속성을 0으로 설정한다(레이블에 텍스트를 넣는 부분은 뒤에서 설명한다).

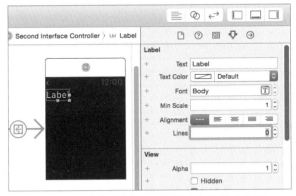

그림 2.12 두 번째 인터페이스 컨트롤러에 레이블 추가하기

11. 이제 애플리케이션을 구동시켜보자. 아이폰 6 시뮬레이터와 애플 워치 시뮬레이터에서 애플리케이션을 실행한 뒤, **Next Screen** 버튼을 클릭하면 레이블이 담긴 두 번째 인터페이스 컨트롤러로 이동하는지 살펴보자(그림 2.13). 그리고 두 번째 인터페이스 컨트롤러의 좌측 상단 모서리에 **<**(쉐브론chevron) 아이콘이 표시되는지도 확인한다. 이 아이콘을 클릭하면 다시 첫 번째 인터페이스 컨트롤러 화면으로 되돌아간다.

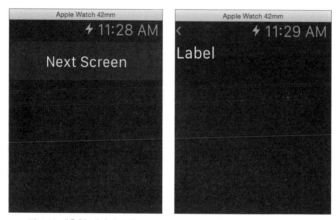

그림 2.13 계층형 내비게이션으로 두 번째 인터페이스 컨트롤러로 이동하기

> **노트**
>
> 여기서 두 번째 인터페이스 컨트롤러에 있는 레이블에 디폴트로 지정된 "Label"이란 텍스트가 표시된다. 뒤에서 첫 번째 인터페이스 컨트롤러에서 두 번째 인터페이스 컨트롤러로 데이터를 전달하는 방법을 설명할 때, 전달한 데이터를 이 레이블에 표시해볼 것이다.

페이지 기반 내비게이션

인터페이스 컨트롤러를 모달modal 방식으로 표시할 수도 있다. 이 방식은 사용자로부터 정보를 받거나 특정한 동작을 수행하기 전에 사용자로부터 확인을 요청할 때 유용하다.

1. 앞 절에서 생성한 프로젝트에서 첫 번째 인터페이스 컨트롤러에 버튼을 하나 더 추가하고, 타이틀을 'Display Screen'으로 지정한다(그림 2.14).

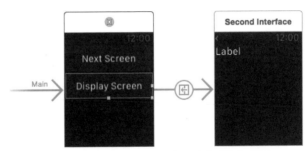

그림 2.14 첫 번째 인터페이스 컨트롤러에 버튼 추가하기

2. 방금 추가한 Display Screen 버튼을 두 번째 인터페이스 컨트롤러에 연결하는 세그웨이를 생성한다. 그러면 Action Segue 팝업이 나타나는데, 여기서 modal을 선택하고, 새로 생성한 세그웨이의 식별자Identifier를 pagebased로 지정한다(그림 2.15).

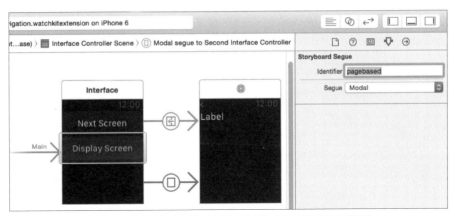

그림 2.15 두 인터페이스 컨트롤러를 연결하는 모달 세그웨이 생성하기

3. 아이폰 6 시뮬레이터와 애플 워치 시뮬레이터로 애플리케이션을 구동한 다음, Display Screen 버튼을 클릭하면 두 번째 인터페이스 컨트롤러가 화면 아래에서 올라오는지 확인한다. 이 때 두 번째 인터페이스 컨트롤러의 좌측 상단 모서리에 Cancel 버튼이 나타나는지도 확인한다(그림 2.16). 이 버튼을 클릭하면 두 번째 인터페이스 컨트롤러가 사라진다.

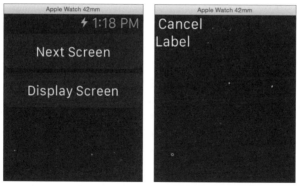

그림 2.16 두 번째 인터페이스 컨트롤러를 모달 방식으로 표시하기

인터페이스 컨트롤러끼리 데이터 주고받기

지금까지 애플 워치 애플리케이션에서 한 인터페이스 컨트롤러에서 다른 인터페이스 컨트롤러로 전환하는 방법에 대해 살펴봤다. 이 과정에서 계층형 내비게이션과 페이지 기반 내비게이션으로 전환할 수 있다는 것도 알아봤다. 이렇게 다른 인터페이스 컨트롤러로 전환하는 과정에서 흔히 데이터를 전달하기도 한다. 이 절에서는 인터페이스 컨트롤러끼리 데이터를 주고받는 방법에 대해 살펴보자.

1. 앞 절에서 만든 UINavigation 프로젝트에서 UINavigation WatchKit Extension 그룹에 대고 마우스 오른쪽 버튼을 클릭하고, New File...을 클릭한다(그림 2.17).

그림 2.17 프로젝트에 새 파일 추가하기

2. 그래서 나타난 창에서 Cocoa Touch Class 템플릿을 선택하고, Next를 클릭한다 (그림 2.18).

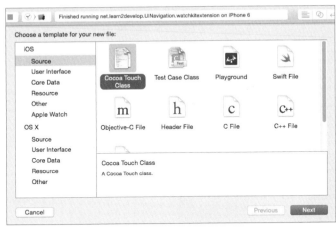

그림 2.18 Cocoa Touch Class 템플릿 선택하기

3. 클래스 이름을 SecondInterfaceController로 지정하고, WKInterfaceController의 서브 클래스로 만든 뒤, Next를 클릭한다(그림 2.19).

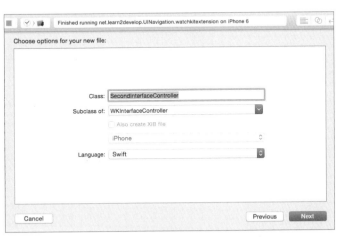

그림 2.19 새로 추가한 클래스 이름 지정하기

4. 그러면 현재 프로젝트의 UINavigation WatchKit Extension 그룹에 SecondInterfaceController.swift라는 파일이 추가된다.

5. 스토리보드 편집기로 돌아가서, 두 번째 인터페이스 컨트롤러를 선택한 다음, 아이덴티티 인스펙터 창에서 이 컨트롤러의 클래스를 SecondInterfaceController로 지정한다(그림 2.20).

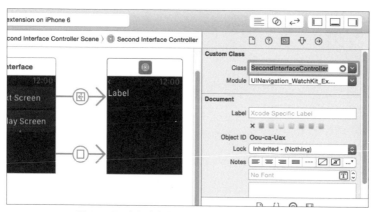

그림 2.20 두 번째 인터페이스 컨트롤러의 클래스 지정하기

6. View ➤ Assistant Editor ➤ Show Assistant Editor 메뉴를 선택해서 보조 편집창을 연다. 컨트롤 키를 누르고 Label을 클릭한 상태에서 코드 편집창Code Editor으로 드래그 앤 드롭한다(그림 2.21).

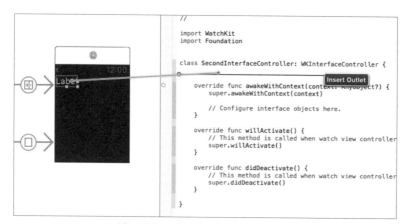

그림 2.21 Label에 대한 아웃렛(outlet) 생성하기

7. 아웃렛을 생성하고 이름을 'label'로 지정한다(그림 2.22).

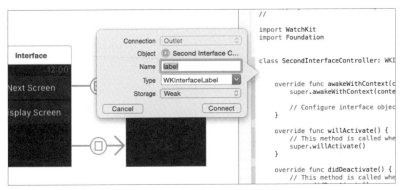

그림 2.22 Label에 대한 아웃렛 이름 지정하기

8. 그러면 다음과 같이 코드에 아웃렛이 추가되는 것을 볼 수 있다.

```swift
import WatchKit
import Foundation

class SecondInterfaceController: WKInterfaceController {

    @IBOutlet weak var label: WKInterfaceLabel!

    override func awakeWithContext(context: AnyObject?) {
        super.awakeWithContext(context)

        // 여기에 인터페이스 오브젝트를 설정한다.
    }

    override func willActivate() {
        // 워치 뷰 컨트롤러가 화면에 표시될 때 이 메소드가 호출된다.
        super.willActivate()
    }

    override func didDeactivate() {
        // 워치 뷰 컨트롤러가 더 이상 화면에 표시되지 않을 때
        // 이 메소드가 호출된다.
        super.didDeactivate()
    }
}
```

9. InterfaceController.swift 파일에 다음과 같이 굵게 표시한 문장을 추가한다.

```swift
import WatchKit
import Foundation

class InterfaceController: WKInterfaceController {

    override func awakeWithContext(context: AnyObject?) {
        super.awakeWithContext(context)

        // 여기에 인터페이스 오브젝트를 설정한다.
    }

    override func willActivate() {
        // 워치 뷰 컨트롤러가 화면에 표시될 때 이 메소드가 호출된다.
        super.willActivate()
    }

    override func didDeactivate() {
        // 워치 뷰 컨트롤러가 더 이상 화면에 표시되지 않을 때
        // 이 메소드가 호출된다.
        super.didDeactivate()
    }

    override func contextForSegueWithIdentifier(segueIdentifier: String) ->
        AnyObject? {
            if segueIdentifier == "hierarchical" {
                return ["segue": "hierarchical",
                    "data":"Passed through hierarchical navigation"]
            } else if segueIdentifier == "pagebased" {
                return ["segue": "pagebased",
                    "data": "Passed through page-based navigation"]
            } else {
                return ["segue": "", "data": ""]
            }
    }
}
```

여기서 contextForSegueWithIdentifier: 메소드는 사용자가 버튼을 탭 해서
세그웨이에 지정한 동작을 수행하기 전에 호출된다. 이 때 segueIdentifier 인
자를 통해 세그웨이의 식별자를 확인한다. 그리고 segue와 data라는 두 개의
키를 담은 딕셔너리를 리턴한다.

10. 이번에는 SecondInterfaceController.swift 파일에 다음과 같이 굵게 표시한 문장을 추가한다.

```swift
import WatchKit
import Foundation

class SecondInterfaceController: WKInterfaceController {

    @IBOutlet weak var label: WKInterfaceLabel!

    override func awakeWithContext(context: AnyObject?) {
        super.awakeWithContext(context)

        // 여기에 인터페이스 오브젝트를 설정한다.
        var dict = context as? NSDictionary
        if dict != nil {
            var segue = dict!["segue"] as! String
            var data = dict!["data"] as! String
            self.label.setText(data)
        }
    }
}
```

두 번째 인터페이스 컨트롤러가 로드될 때, 가져온 데이터를 context 인자를 통해 awakeWithContext: 메소드로 전달한다. 첫 번째 인터페이스 컨트롤러에서 딕셔너리를 전달하기 때문에, 전달받은 데이터를 NSDictionary 타입으로 형변환typecast해서 segue와 data 키에 해당하는 값을 읽는다. 그런 다음 data 키에 대한 값을 레이블에 표시한다.

11. 아이폰 6 시뮬레이터와 애플 워치 시뮬레이터로 애플리케이션을 구동하고, Next Screen 버튼을 클릭하면, 두 번째 인터페이스 컨트롤러에 그림 2.23과 같이 문자열이 표시되는지 확인한다.

그림 2.23 계층형 내비게이션 과정에서 전달된 데이터를 화면에 표시하기

12. < 모양의 쉐브론을 클릭해서 첫 번째 인터페이스 컨트롤러로 돌아간 뒤, Display Screen 버튼을 클릭하면, 두 번째 인터페이스 컨트롤러에 그림 2.24와 같이 문자열이 표시되는지 확인한다.

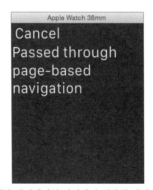

그림 2.24 페이지 기반 내비게이션 과정에서 전달된 데이터를 화면에 표시하기

쉐브론과 Cancel 버튼 타이틀 변경

앞 절에서 살펴본 바와 같이, 계층형 내비게이션 과정에서 인터페이스 컨트롤러를 푸시하면 화면 상단에 < 모양의 쉐브론이 표시된다. 인터페이스 컨트롤러를 모달 방식으로 화면에 표시하면 기본으로 지정된 Cancel 버튼이 표시된다. 이 때 나타나는 쉐브론과 Cancel 버튼은 원하는 형태로 수정할 수 있다.

1. SecondInterfaceController.swift 파일에 다음과 같이 굵게 표시된 문장을 추가한다.

```swift
import WatchKit
import Foundation

class SecondInterfaceController: WKInterfaceController {

    @IBOutlet weak var label: WKInterfaceLabel!

    override func awakeWithContext(context: AnyObject?) {
        super.awakeWithContext(context)

        // 여기에 인터페이스 오브젝트를 설정한다.
        var dict = context as? NSDictionary
        if dict != nil {
            var segue = dict!["segue"] as! String
            var data = dict!["data"] as! String
            self.label.setText(data)
            if segue == "pagebased" {
                self.setTitle("Close")
            } else {
                self.setTitle("Back")
            }
        }
    }
}
```

2. 아이폰 6 시뮬레이터와 애플 워치 시뮬레이터로 애플리케이션을 구동한 다음, Next Screen 버튼을 클릭하면 그림 2.25와 같이 쉐브론 문자열이 표시되는지 확인한다.

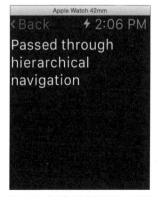

그림 2.25 쉐브론 옆에 문자열 표시하기

3. <Back 쉐브론을 클릭해서 첫 번째 인터페이스 컨트롤러로 돌아간 뒤, Display Screen 버튼을 클릭하면, 그림 2.26과 같이 Cancel 버튼의 타이틀이 Close로 변경되는지 확인한다.

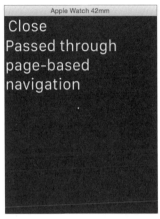

그림 2.26 모달 인터페이스 컨트롤러에서 버튼 타이틀 수정하기

코드를 사용한 화면 내비게이션

스토리보드에 세그웨이를 생성하는 방식으로 인터페이스 컨트롤러를 서로 연결할 수도 있지만, 그리 편리한 방식은 아니다. 실제로 애플리케이션에서는 특정한 조건을 만족하는지 여부에 따라서 화면을 이동하기 때문에, 어느 인터페이스 컨트롤러로 이동할지(또는 모달 방식으로 표시할지)를 실행 시간에 결정할 수 있어야 한다.

1. 엑스코드에서 'NavigateUsingCode'라는 이름으로 Single View Application 프로젝트를 새로 생성한다.

2. 프로젝트에 WatchKit App 타깃을 추가한다. 아무런 기능도 추가되지 않은 워치킷 프로젝트를 생성하도록 Include Notification Scene 옵션을 해제한다.

3. 현재 프로젝트의 NavigateUsingCode WatchKit App 그룹에 있는 Interface. storyboard 파일을 클릭해서 스토리보드 편집기를 연다.

4. 첫 번째 인터페이스 컨트롤러에 버튼 두 개를 추가하고, 스토리보드에 두 번째 인터페이스 컨트롤러를 추가하고, 여기에 레이블을 추가한다. 레이블의 텍스트는 'Second Page'라고 지정한다(그림 2.27).

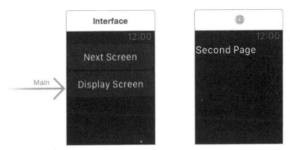

그림 2.27 두 개의 인터페이스 컨트롤러 생성하고 설정하기

5. 두 번째 인터페이스 컨트롤러를 선택하고, 애트리뷰트 인스펙터 창에서 식별자 (Identifier) 속성을 secondpage로 지정한다(그림 2.28).

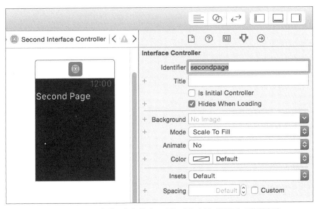

그림 2.28 두 번째 인터페이스 컨트롤러의 식별자 지정하기

6. 첫 번째 인터페이스 컨트롤러에서 두 버튼에 대해 액션 하나씩 생성하고, 액션의 이름을 다음 코드와 같이 지정한다. 액션을 생성하려면 먼저 아웃렛을 생성할 때처럼 보조 편집창을 열고, 컨트롤 키를 누른 채로 버튼을 클릭한 뒤에 코드 편집창으로 드래그한다. 이 때 나타나는 팝업 창에서 Connection을 Action으로 바꾼 뒤에 Name에 원하는 액션의 이름을 입력해야 한다.

```
import WatchKit
import Foundation

class InterfaceController: WKInterfaceController {

    @IBAction func btnNextScreen() {
    }

    @IBAction func btnDisplayScreen() {
    }
```

7. 방금 추가한 액션에 다음과 같이 문장을 추가한다.

```
import WatchKit
import Foundation

class InterfaceController: WKInterfaceController {

    @IBAction func btnNextScreen() {
        pushControllerWithName("secondpage", context: nil)
    }

    @IBAction func btnDisplayScreen() {
        presentControllerWithName("secondpage", context: nil)
    }
```

여기서 첫 번째 버튼은 pushControllerWithName:context: 메소드로 계층형 내비게이션을 처리한다. 이 메소드는 첫 번째 인자로 이동할 인터페이스 컨트롤러의 식별자secondpage를 넘겨 받는다. 식별자는 5단계에서 설정했다. 그리고 이 인터페이스 컨트롤러로 전달할 데이터는 context 인자를 통해 전달한다. 여기에서는 그냥 nil로 지정했다. 두 번째 버튼은 presentControllerWithName:context: 메소드로 페이지 기반 내비게이션을 처리한다. pushControllerWithName:context: 메소드와 마찬가지로 첫 번째 인자로 이동할 인터페이스 컨트롤러의 식별자를 전달받고, 두 번째 인자로 이 인터페이스 컨트롤러로 전달할 데이터를 받는다.

8. 이제 애플리케이션을 아이폰 6 시뮬레이터에서 구동한 뒤, 두 버튼 중 아무거나 클릭해서 두 번째 인터페이스 컨트롤러로 이동해보자(그림 2.29).

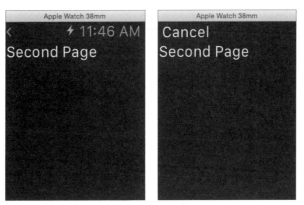

그림 2.29 코드를 통해 인터페이스 컨트롤러 이동하기

> **이전 화면으로 돌아가는 방법**
>
> 쉐브론이나 Cancel 버튼을 탭해서 이전 화면으로 돌아갈 수도 있지만, 코드를 통해 처리할 수도 있다. pushControllerWithName:context: 메소드로 이동했다면, 이 메소드에 대응되는 popController 메소드를 호출하여 이전 화면으로 되돌아갈 수 있다. 또한 presentControllerWith Name:context: 메소드로 인터페이스 컨트롤러를 표시했다면, 여기에 대응되는 dismissController 메소드를 호출하여 현재 인터페이스 컨트롤러를 사라지게 할 수 있다.

연속된 페이지 화면에 표시

페이지 기반 내비게이션을 사용하는 애플리케이션에서는 여러 개의 인터페이스 컨트롤러를 모달 방식으로, 연속된 화면으로 표시할 수 있다.

1. 앞 절에서 생성한 프로젝트의 스토리보드에 세 번째 인터페이스 컨트롤러를 추가하고, 여기에 레이블 하나를 추가한다. 레이블의 텍스트는 'Third Page'라고 지정한다(그림 2.30).

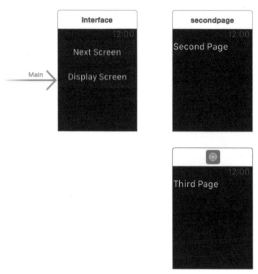

그림 2.30 세 번째 인터페이스 컨트롤러 추가하기

2. Attributes Inspector 창/윈도우에서 세 번째 인터페이스 컨트롤러의 식별자 (Identifier) 속성을 thirdpage로 지정한다(그림 2.31).

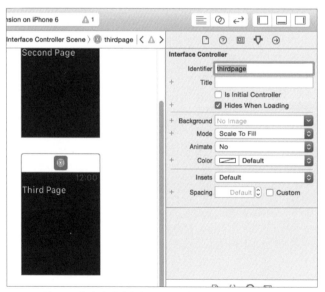

그림 2.31 세 번째 인터페이스 컨트롤러에 대한 식별자 설정하기

3. InterfaceController.swift 파일에 다음과 같이 굵게 표시한 문장을 추가한다.

```
@IBAction func btnDisplayScreen() {
    //presentControllerWithName("secondpage", context: nil)
    presentControllerWithNames(["secondpage", "thirdpage"], contexts:
        nil)
}
```

이번에는 presentControllerWithName:context: 메소드 대신 presentCont
rollerWithNames:contexts: 메소드를 호출하도록 작성했다. 이 메소드는 이
전과 달리 첫 번째 인자로 문자열의 배열을 인자로 받는다는 점만 다르다. 이러
한 문자열 배열 인자를 통해 화면에 표시할 일련의 인터페이스 컨트롤러에 대
한 식별자를 지정한다.

4. 이제 애플리케이션을 아이폰 6 시뮬레이터로 구동하고, 애플 워치 시뮬레이터
에서 Display Screen 버튼을 클릭해보자. 이전과 달리 두 번째 인터페이스 컨트
롤러의 하단에 점이 두 개가 표시되는 것을 확인할 수 있다. 두 번째 화면에서
오른쪽에서 왼쪽으로 스와이프하면 세 번째 인터페이스 컨트롤러로 이동한다
(그림 2.32).

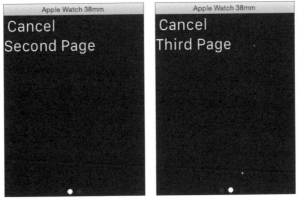

그림 2.32 사용자는 두 인터페이스 컨트롤러를 슬라이드 방식으로 이동할 수 있다.

현재 화면에 표시할 페이지 변경

앞 절에서는 연속된 인터페이스 컨트롤러를 스와이프 방식으로 화면에 표시하는 방법에 대해 살펴봤다. 이번에는 코드에서 특정한 페이지로, 특히 첫 번째 페이지에서 두 번째 페이지가 아닌 세 번째 페이지로 점프하는 방법에 대해 알아보자.

1. 현재 프로젝트의 NavigateUsingCode WatchKit Extension 그룹에 WKInterfaceController 클래스 두 개를 추가하고, 각각의 이름을 SecondInterfaceController.swift와 ThirdInterfaceController.swift로 지정한다. 이 파일의 위치는 그림 2.33과 같다.

그림 2.33 프로젝트에 두 개의 스위프트 파일 추가하기

2. SecondInterfaceController.swift 파일을 다음과 같이 작성한다.

```swift
import WatchKit
import Foundation

class SecondInterfaceController: WKInterfaceController {

    override func awakeWithContext(context: AnyObject?) {
        super.awakeWithContext(context)

        // 여기서 인터페이스 오브젝트를 설정한다.
        println("SecondInterfaceController - awakeWithContext")
```

```
    }

    override func willActivate() {
        // 워치 뷰 컨트롤러가 화면에 표시될 때 이 메소드가 호출된다.
        super.willActivate()
        println("SecondInterfaceController - willActivate")
    }

    override func didDeactivate() {
        // 워치 뷰 컨트롤러가 더 이상 화면에 표시되지 않을 때
        // 이 메소드가 호출된다.
        super.didDeactivate()
        println("SecondInterfaceController - didDeactivate")
    }
}
```

3. ThirdInterfaceController.swift 파일을 다음과 같이 작성한다.

```
import WatchKit
import Foundation

class ThirdInterfaceController: WKInterfaceController {

    override func awakeWithContext(context: AnyObject?) {
        super.awakeWithContext(context)

        // 여기서 인터페이스 오브젝트를 설정한다.
        println("ThirdInterfaceController - awakeWithContext")
    }

    override func willActivate() {
        // 워치 뷰 컨트롤러가 화면에 표시될 때 이 메소드가 호출된다.
        super.willActivate()
        println("ThirdInterfaceController - willActivate")
    }

    override func didDeactivate() {
        // 워치 뷰 컨트롤러가 더 이상 화면에 표시되지 않을 때
        // 이 메소드가 호출된다.
        super.didDeactivate()
        println("ThirdInterfaceController - didDeactivate")
    }
}
```

4. Interface.storyboard 파일에서 두 번째 인터페이스 컨트롤러의 **Class** 속성을 SecondInterfaceController로 지정한다(그림 2.34). 마찬가지로 세 번째 인터페이스 컨트롤러의 클래스 속성을 ThirdInterfaceController로 지정한다.

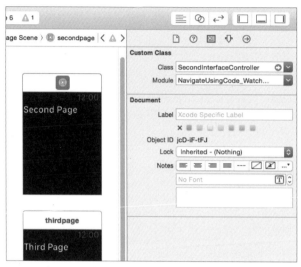

그림 2.34 두 번째 인터페이스 컨트롤러의 클래스 지정하기

5. 아이폰 6 시뮬레이터에서 애플리케이션을 구동한 뒤, 애플 워치 시뮬레이터에서 **Display Screen** 버튼을 클릭할 때 Output 창에 출력되는 메시지를 살펴본다(그림 2.35). 처음에는 두 번째 인터페이스 컨트롤러만 보일 때도 두 번째, 세 번째 인터페이스 컨트롤러의 awakeWithContext: 메소드가 모두 호출되는 것을 확인할 수 있다.

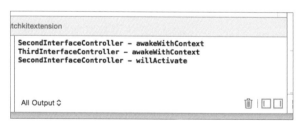

그림 2.35 두 인터페이스 컨트롤러에 대한 awakeWithContext: 메소드가 호출된다

6. 두 번째 인터페이스 컨트롤러 대신, 세 번째 인터페이스 컨트롤러가 표시되게 하려면, becomeCurrentPage 메소드를 사용한다. 이 메소드를 호출하면 인터페이스 컨트롤러가 화면에 표시된다. **Display Screen** 버튼을 클릭할 때, 두 번째와 세 번째 인터페이스 컨트롤러의 awakeWithContext 메소드가 호출되므로, becomeCurrentPage 메소드를 awakeWithContext 메소드에서 호출하도록 다음과 같이 굵게 표시한 문장을 ThirdInterfaceController.swift 파일에 추가한다.

```
override func awakeWithContext(context: AnyObject?) {
    super.awakeWithContext(context)

    // 여기서 인터페이스 오브젝트를 설정한다.
    becomeCurrentPage()
    println("ThirdInterfaceController - awakeWithContext")
}
```

7. 아이폰 6 시뮬레이터에서 애플리케이션을 구동하고, 애플 워치 시뮬레이터에서 **Display Screen** 버튼을 클릭한다. 이번에는 두 번째 인터페이스 컨트롤러가 화면에 표시된 뒤에 자동으로 세 번째 인터페이스 컨트롤러로 스크롤되는 것을 확인할 수 있다.

정리

이 장에서는 애플 워치 애플리케이션에서 인터페이스 컨트롤러가 작동하는 방식에 대해 좀 더 자세히 살펴봤다. 구체적인 주제로 구분하면 다음과 같다.

- 인터페이스 컨트롤러의 생명 주기
- 인터페이스 컨트롤러 사이를 이동하는 방법
- 인터페이스 컨트롤러를 화면에 표시하는 두 가지 방식
- 코드를 통해 인터페이스 컨트롤러를 이동하는 방법
- 일련의 인터페이스 컨트롤러를 화면에 표시하는 방법

3

애플 워치 UI

진심으로 사랑하고 자부하는 일을 아직 찾지 못했더라도 포기하지 말고 계속 찾으세요.
타협하진 마세요. 혼신을 다해 찾다 보면 언젠가 발견하게 됩니다.
이렇게 찾은 일은 좋은 인연을 맺은 것처럼 시간이 갈수록 더욱 깊어지기 마련입니다.

– 스티브 잡스

애플 워치 애플리케이션의 UI를 디자인하는 방법은 아이폰과 다르지 않다. 다만 아이폰보다 공간의 제약이 크기 때문에, 앱의 기능을 제대로 발휘하려면 화면의 1mm라도 소중하게 활용해야 한다.

애플 워치 앱의 UI는 iOS 프로그래밍 용어로는 뷰view라 부르는 여러 가지 컨트롤로 구성할 수 있다. 이러한 컨트롤은 다음과 같이 크게 두 가지 카테고리로 나눌 수 있다.

- **사용자의 동작에 반응하는 컨트롤**: 특정한 액션을 수행하기 위해 사용자가 직접 다루는 컨트롤로서, 버튼Button, 스위치Switch, 슬라이더Slider, 테이블Table 등이 있다.
- **화면에 정보를 표시하는 컨트롤**: 사용자에게 정보를 보여줄 때 사용하는 컨트롤로서, 레이블Label, 이미지Image, 테이블Table 등이 있다.

이 장과 다음 장에서는 애플리케이션의 UI를 구성하기 위해 다양한 컨트롤을 사용하는 방법에 대해 소개한다.

사용자의 동작에 반응하는 컨트롤

애플 워치를 다루는 동작의 핵심은 탭tap 제스처다. 탭으로 다룰 수 있는 컨트롤로는 다음과 같은 것들이 있다.

- 버튼
- 스위치
- 슬라이더
- 테이블

각 컨트롤에 대해 하나씩 자세히 살펴보자.

> **노트**
> 테이블 컨트롤에 대해서는 이 장의 뒷 부분에서 정보를 화면에 표시하는 컨트롤에 대해 설명할 때 소개한다.

버튼

버튼은 애플 워치 애플리케이션을 가장 직접적인 방식으로 조작하는 컨트롤이다. 버튼에 텍스트를 표시할 수도 있고, 배경 이미지를 표시할 수도 있다. 버튼을 탭 하면 원하는 동작을 수행하도록 인터페이스 컨트롤러에 정의된 액션을 실행시킬 수 있다.

인터페이스 컨트롤러에 버튼 추가

이번 절에서는 버튼을 사용하는 프로젝트를 만들어보자. 뒤에 이어지는 절에서 이 버튼에 대한 액션을 정의하고, 원하는 폰트로 타이틀을 표시하는 방법에 대해서 설명한다.

1. 엑스코드에서 'Buttons'라는 이름으로 Single View Application 프로젝트를 생성한다.

2. 프로젝트에 워치킷 앱WatchKit App 타깃을 추가한다. 아무런 기능도 추가되지 않은 워치킷 프로젝트를 생성하도록 Include Notification Scene 옵션을 해제한다.

3. Interface.storyboard 파일을 선택하여 스토리보드 편집창을 연다.

4. 스토리보드에 버튼 컨트롤을 드래그 앤 드롭한다(그림 3.1).

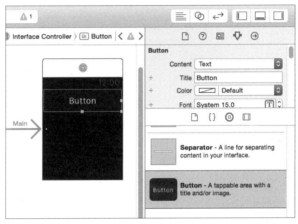

그림 3.1 인터페이스 컨트롤러에 버튼 추가하기

5. 애트리뷰트 인스펙터 창에서 버튼의 Title 속성을 Play로 지정한다(그림 3.2).

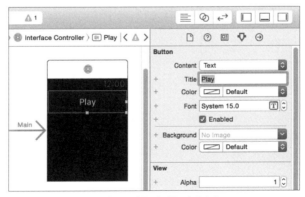

그림 3.2 버튼 타이틀 지정하기

6. 애플리케이션을 아이폰 6 시뮬레이터에서 구동하면 애플 워치 시뮬레이터에 버튼이 표시된다(그림 3.3). 버튼을 클릭(실제 애플 워치라면 탭)해보자.

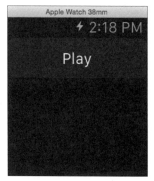

그림 3.3 애플 워치 시뮬레이터에서 버튼 테스트하기

버튼에 대한 액션 지정

버튼을 쓸만하게 만들려면, 사용자가 버튼을 탭 할 때 애플리케이션에서 실행할 액션을 정의해야 한다. 액션을 정의하는 과정은 다음과 같다.

1. 스토리보드 편집창에서 View ➤ Assistant Editor ➤ Show Assistant Editor 메뉴를 선택하여 InterfaceController.swift 파일을 연다.

2. 인터페이스 컨트롤러에서 컨트롤Control 키를 누르고 버튼을 클릭한 상태에서 InterfaceController 클래스로 드래그 앤 드롭한다(그림 3.4).

그림 3.4 버튼에 대한 액션 정의하기

3. 버튼에 대한 액션을 만들고 이름을 'btnPlay'로 지정한 다음, **Connect**를 클릭한다(그림 3.5).

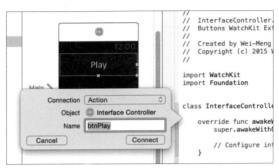

그림 3.5 액션 이름 지정하기

4. 그러면 InterfaceController.swift 파일에 다음과 같이 액션이 추가된 것을 볼수 있다.

```
import WatchKit
import Foundation

class InterfaceController: WKInterfaceController {

    @IBAction func btnPlay() {
    }
```

5. InterfaceController.swift 파일에 다음과 같이 굵게 표시한 문장을 추가한다.

```
@IBAction func btnPlay() {
    println("The button was tapped!")
}
```

6. 아이폰 6 시뮬레이터에서 애플리케이션을 구동하고, Play 버튼을 클릭한 뒤,
Output 창에 표시되는 문장을 살펴본다(그림 3.6).

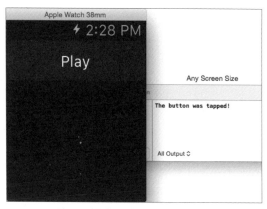

그림 3.6 버튼을 클릭하면 액션이 실행된다

버튼에 대한 아웃렛 제작

버튼의 타이틀은 코드를 사용해 실행 시간을 변경할 수도 있다. 이렇게 하려면 버
튼에 아웃렛을 만들어야 한다.

1. 보조 편집창이 열린 상태에서 컨트롤 키를 누르고 버튼을 클릭해서
InterfaceController.swift 파일로 드래그 앤 드롭한다. 아웃렛의 이름을
'button1'로 지정하고, Connect를 클릭한다(그림 3.7).

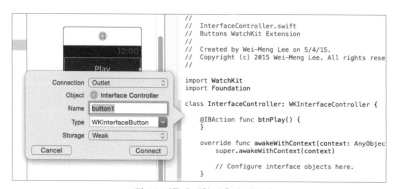

그림 3.7 버튼에 대한 아웃렛 만들기

2. 그러면 InterfaceController.swift 파일에 다음과 같이 아웃렛이 생성된 것을 볼 수 있다.

```
import WatchKit
import Foundation

class InterfaceController: WKInterfaceController {

    @IBOutlet weak var button1: WKInterfaceButton!

    @IBAction func btnPlay() {
        println("The button was tapped!")
    }
}
```

3. InterfaceController.swift 파일에 다음과 같이 굵게 표시한 문장을 추가한다.

```
override func awakeWithContext(context: AnyObject?) {
    super.awakeWithContext(context)

    // 여기서 인터페이스 오브젝트를 설정한다.
    button1.setTitle("Play Video")
}
```

> **노트**
>
> 코드를 통해 실행 시간에 버튼의 타이틀을 변경할 수는 있지만, 이 값을 가져올 수는 없다. 효율성과 배터리 절약을 위해 코드를 모두 익스텐션에서 실행하는 것이 좋다. 하지만 버튼의 타이틀 값을 가져오려면 워치 앱으로 갔다가 다시 익스텐션으로 돌아오도록 구현해야 하는데, 워치킷 API는 이런 식으로 타이틀 값을 가져오는 것을 허용하지 않는다. 따라서 UI의 상태는 직접 관리해야 한다.

4. 아이폰 6 시뮬레이터에서 애플리케이션을 구동하면 버튼의 타이틀이 'Play Video'로 변경된 것을 볼 수 있다(그림 3.8).

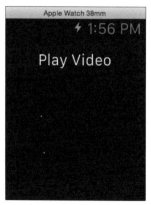

그림 3.8 버튼의 타이틀을 동적으로 변경하기

서식 문자열 표시

버튼은 서식 문자열attributed string을 지원한다. 서식 문자열을 사용하면 문자열의 각 부분마다 컬러나 폰트, 크기 등과 같은 속성을 별도로 지정할 수 있다. 예를 들어, 버튼의 타이틀로 지정한 문자열을 다양한 컬러로 표시하는 과정은 다음과 같다.

1. InterfaceController.swift 파일에 다음과 같이 굵게 표시한 문장을 추가한다.

```
override func awakeWithContext(context: AnyObject?) {
    super.awakeWithContext(context)

    // 여기에 인터페이스 오브젝트를 설정한다.
    //button1.setTitle("Play Video")

    var str = NSMutableAttributedString(string: "Hello, Apple Watch!")

    //---Hello는 노란색으로 표시한다.---
    str.addAttribute(NSForegroundColorAttributeName,
        value: UIColor.yellowColor(),
        range: NSMakeRange(0, 5))

    //---쉼표(,)는 빨간색으로 표시한다.---
    str.addAttribute(NSForegroundColorAttributeName,
        value: UIColor.redColor(),
```

```
        range: NSMakeRange(5, 1))

    //---Apple Watch!는 초록색으로 표시한다.---
    str.addAttribute(NSForegroundColorAttributeName,
        value: UIColor.greenColor(),
        range: NSMakeRange(7, 12))
    button1.setAttributedTitle(str)
}
```

2. 아이폰 6 시뮬레이터에서 애플리케이션을 구동하면, 그림 3.9와 같이 버튼의
   타이틀이 여러 가지 컬러로 표시되는 것을 볼 수 있다.

그림 3.9 다양한 컬러로 버튼 타이틀 표시하기

커스텀 폰트 사용

서식 문자열을 사용하면 문자열의 부분마다 폰트를 다르게 적용할 수 있다. 직접
확인해보기 위해 앞에서 만든 예제에서 버튼 타이틀에 표시된 문자열의 일부분을
커스텀 폰트로 표시하도록 수정해보자.

예제에서는 맥에 설치된 임팩트Impact 폰트를 적용해볼 것이다. 이 폰트는 현재
사용하는 맥의 /Library/Fonts/ 폴더에 Impact.ttf라는 파일로 설치되어 있다.

1. Impact.ttf 파일의 복사본을 만들어서, 엑스코드의 프로젝트 창의 현재 익스텐션 타깃의 위치로 드래그 앤 드롭한다.

2. 그러면 몇 가지 옵션이 나타나는데, 그림 3.10에 나온 것처럼 선택한다. 이렇게 하면 Impact.ttf 파일이 현재 프로젝트의 WatchKit Extension과 WatchKit App 타깃에 추가된다.

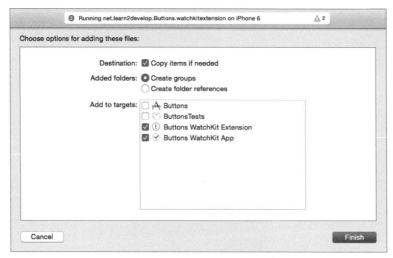

그림 3.10 WatchKit Extension과 WatchKit App 타깃에 폰트 파일 추가하기

> **노트**
>
> 이 때 반드시 폰트를 WatchKit Extension과 WatchKit App에 각각 추가해야 한다. 또한 이렇게 프로젝트에 커스텀 폰트를 추가하게 되면 워치 앱 파일의 크기와 메모리 사용량이 크게 늘어날 수 있다는 점에 주의해야 한다. 따라서 특별한 이유가 없다면 시스템에서 제공하는 폰트를 사용하는 것이 좋다.

3. 그러면 그림 3.11과 같이 현재 프로젝트에 Impact.ttf 파일이 추가된 것을 볼 수 있다.

그림 3.11 프로젝트에 추가한 폰트 파일

4. Extension 타깃에 있는 Info.plist 파일에 'UIAppFonts'라는 이름의 키를 새로 추가하고, 이 키의 Item 0을 Impact.ttf로 지정한다(그림 3.12).

> **노트**
>
> Info.plist 파일에 항목이 그림 3.12처럼 나타나지 않는다면, 아무 항목에 대고 마우스 오른쪽 버튼을 클릭한 뒤, Show Raw Keys/Values를 선택한다.

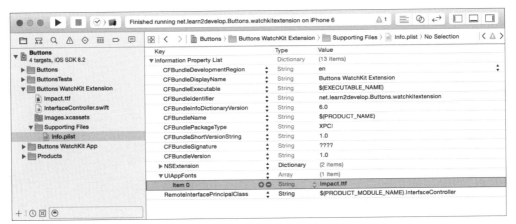

그림 3.12 익스텐션 프로젝트에 폰트 파일 이름 지정하기

5. 마찬가지로 WatchKit App 타깃에 있는 Info.plist 파일에 'UIAppFonts'라는 이름의 키를 새로 추가하고, 이 키의 Item 0을 Impact.ttf로 지정한다(그림 3.13).

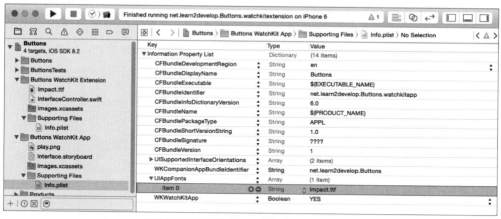

그림 3.13 워치킷 앱에 폰트 파일 이름 지정하기

6. InterfaceController.swift 파일에 다음과 같이 굵게 표시된 문장을 추가한다.

```
override func awakeWithContext(context: AnyObject?) {
    super.awakeWithContext(context)

    // 여기에 인터페이스 오브젝트를 설정한다.
    //button1.setTitle("Play Video")

    var str = NSMutableAttributedString(string: "Hello, Apple Watch!")

    //---Hello는 노란색으로 표시한다.---
    str.addAttribute(NSForegroundColorAttributeName,
        value: UIColor.yellowColor(),
        range: NSMakeRange(0, 5))

    //---Hello의 폰트를 Impact로, 크기는 22로 지정한다.---
    str.addAttribute(NSFontAttributeName,
        value: UIFont(name: "Impact", size: 22.0)!,
        range: NSMakeRange(0, 5)
```

```
    //---쉼표(,)는 빨간색으로 표시한다.---
    str.addAttribute(NSForegroundColorAttributeName,
        value: UIColor.redColor(),
        range: NSMakeRange(5, 1))

    //---Apple Watch!는 초록색으로 표시한다.---
    str.addAttribute(NSForegroundColorAttributeName,
        value: UIColor.greenColor(),
        range: NSMakeRange(7, 12))
    button1.setAttributedTitle(str)
}
```

7. 아이폰 6 시뮬레이터로 애플리케이션을 구동하면 그림 3.14와 같이 "Hello"가
   임팩트 폰트로 표시되는 것을 확인할 수 있다.

그림 3.14 "Hello"를 커스텀 폰트로 표시하기

> **노트**
>
> 프로젝트에 커스텀 폰트를 추가하면, 인터페이스 빌더에서 컨트롤의 Font 속성에 있는 "T" 버튼
> 을 클릭한 뒤 'Font'를 'Custom'으로 변경하고, Family 속성에 원하는 폰트를 선택하는 방식으로
> 설치한 폰트를 직접 사용할 수 있다.

버튼의 배경 이미지 변경

버튼에 텍스트뿐만 아니라 배경 이미지도 표시할 수 있다. 이 절에서는 프로젝트에 이미지를 추가해서, 이 이미지를 버튼의 배경 이미지로 표시하는 방법에 대해 살펴보자.

1. play.png라는 이름의 이미지 파일을 WatchKit App 타깃의 Images.xcassets 아이템으로 드래그 앤 드롭한다(그림 3.16 상단).

   노트

   play.png 파일은 다운로드한 이 책의 예제 소스 코드에 포함되어 있다.

84

2. 애플 워치는 레티나 디스플레이를 장착하고 있으므로, 아이콘을 2x라는 레이블이 달린 박스로 이동한다(그림 3.16 하단).

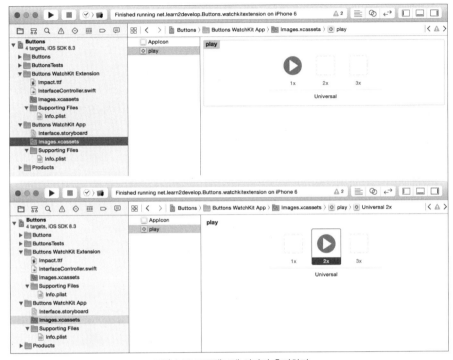

그림 3.16 프로젝트에 이미지 추가하기

3. 38mm 애플 워치와 42mm 애플 워치에 각각 다른 이미지를 적용하려면, Images.xcassets 파일에 있는 play 아이콘을 선택하고, 애트리뷰트 인스펙터 창의 Device 속성에서 Device Specific을 선택한다(그림 3.17 상단). 그리고 사용하려는 이미지를 "38mm 2x"라는 레이블이 달린 박스와 "42mm 2x"라는 레이블이 달린 박스로 드래그 앤 드롭한다(그림 3.17 하단). 예제에서는 두 가지 크기에 대해 같은 이미지를 사용한다.

그림 3.17 장치마다 이미지 지정하기

4. InterfaceController.swift 파일에 다음과 같이 굵게 표시한 문장을 추가한다.

```
override func awakeWithContext(context: AnyObject?) {
    super.awakeWithContext(context)

    // 여기에 인터페이스 오브젝트를 설정한다.
    //button1.setTitle("Play Video")
    /*
    var str = NSMutableAttributedString(string: "Hello, Apple Watch!")

    //---Hello는 노란색으로 표시한다.---
    str.addAttribute(NSForegroundColorAttributeName,
        value: UIColor.yellowColor(),
        range: NSMakeRange(0, 5))

    //---Hello의 폰트를 Impact로, 크기는 22로 지정한다.---
    str.addAttribute(NSFontAttributeName,
        value: UIFont(name: "Impact", size: 22.0)!,
        range: NSMakeRange(0, 5))

    //---쉼표(,)는 빨간색으로 표시한다.---
    str.addAttribute(NSForegroundColorAttributeName,
        value: UIColor.redColor(),
        range: NSMakeRange(5, 1))
```

```
//---Apple Watch!는 초록색으로 표시한다.---
str.addAttribute(NSForegroundColorAttributeName,
    value: UIColor.greenColor(),
    range: NSMakeRange(7, 12))
button1.setAttributedTitle(str)
*/

button1.setBackgroundImageNamed("play")
}
```

5. 아이폰 6 시뮬레이터로 애플리케이션을 구동하면, 그림 3.18과 같이 애플 워치 시뮬레이터에서 버튼에 이미지가 표시되는 것을 볼 수 있다.

그림 3.18 버튼에 이미지 표시하기

이 때 다음과 같이 setBackgroundImage: 메소드에 UIImage 인스턴스를 인자로 전달하여 호출하면 안 된다.

button1.setBackgroundImage(UIImage(named: "play"))

UIImage 클래스는 "play"라는 이름의 이미지를 메인 번들에서 찾는데, play. png 파일은 WatchKit App 타깃에 있기 때문에, 이미지를 찾지 못해서 화면에 표시되지 않게 된다.

6. 지금처럼 코드로 작성하지 않고, 스토리보드에서 애트리뷰트 인스펙터 창의 Background 속성을 지정하는 방식으로 버튼의 배경 이미지를 설정할 수도 있다.

스위치

스위치 컨트롤을 사용하면 사용자가 ON과 OFF 상태를 토글 방식으로 지정할 수 있다. 설정 메뉴에서 특정한 항목을 켜거나 끌 때 주로 이 컨트롤을 활용한다. 이번 에는 프로젝트에 이러한 스위치 컨트롤을 추가해서 구체적으로 어떻게 작동하는지 살펴보자.

1. 엑스코드에서 'Switches'라는 이름으로 Single View Application 프로젝트를 생성한다.
2. 프로젝트에 워치킷 앱WatchKit App 타깃을 추가한다. 아무런 기능도 추가되지 않은 워치킷 프로젝트를 생성하도록 Include Notification Scene 옵션을 해제한다.
3. Interface.storyboard 파일을 선택하여 스토리보드 편집창을 연다.
4. 스위치 컨트롤을 기본 인터페이스 컨트롤러에 드래그 앤 드롭한다(그림 3.19).

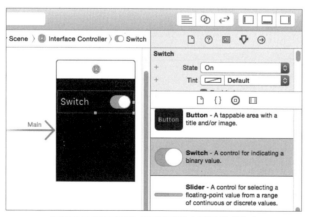

그림 3.19 인터페이스 컨트롤러에 스위치 추가하기

5. 애트리뷰트 인스펙터 창에서 스위치의 Title 속성을 Aircon으로 지정한다(그림 3.20).

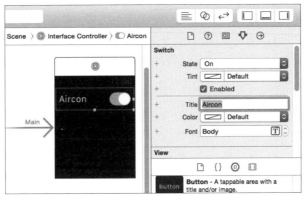

그림 3.20 스위치 타이틀 지정하기

6. 인터페이스 컨트롤러에 레이블 하나를 추가한다(그림 3.21).

그림 3.21 인터페이스 컨트롤러에 레이블 추가하기

7. 스위치 컨트롤에 아웃렛 한 개를 추가하고, 이름을 'switch'로 지정한다. 레이블 컨트롤에 대해서도 마찬가지로 아웃렛을 추가한 뒤, 이름을 'label'로 지정한다. 이제 스위치 컨트롤에 대한 액션을 추가하고, 이름을 'switchAction'으로 지정한다. 그러면 InterfaceController.swift 파일이 다음과 같이 구성된다.

```
import WatchKit
import Foundation

class InterfaceController: WKInterfaceController {

    @IBOutlet weak var `switch`: WKInterfaceSwitch!

    @IBOutlet weak var label: WKInterfaceLabel!

    @IBOutlet func switchAction(value: Bool) {
    }
```

> **노트**
>
> switch라는 단어는 스위프트(Swift) 프로그래밍 언어에서 사용하는 키워드이므로 아웃렛 이름
> 으로 사용하면 키워드와 구분하도록 자동으로 역 인용 부호(')로 묶인다.

8. InterfaceController.swift 파일에 다음과 같이 굵게 표시한 문장을 추가한다.

```
@IBAction func switchAction(value: Bool) {
    value ? label.setText("Aircon is on") :
        label.setText("Aircon is off")
}

override func awakeWithContext(context: AnyObject?) {
    super.awakeWithContext(context)

    // 여기서 인터페이스 오브젝트를 설정한다.
    `switch`.setOn(false)
    label.setText("")
}
```

> **노트**
>
> 코드에서 스위치 컨트롤의 값을 지정할 수는 있지만, 반대로 값을 가져올 수는 없다. 이 값을
> 읽으려면 상태가 변할 때마다 값을 저장하는 액션을 스위치 컨트롤에 구현해야 한다.

9. 아이폰 6 시뮬레이터로 애플리케이션을 구동하고, 애플 워치 시뮬레이터에서 Switch 컨트롤을 클릭하여 ON과 OFF 상태로 차례로 변경할 때마다 레이블 컨트롤에 표시되는 메시지를 살펴보자(그림 3.22).

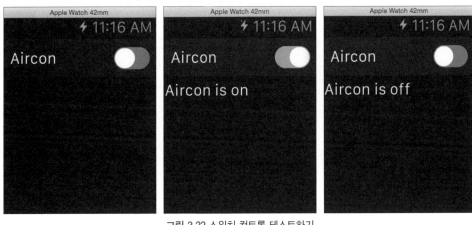

그림 3.22 스위치 컨트롤 테스트하기

슬라이더

슬라이더는 두 개의 버튼(-와 +)이 달린 컨트롤로서, 사용자가 부동 소수점 값을 증가하거나 감소할 때 사용하며, 온도계에서 원하는 온도로 설정할 때와 같이 특정한 범위의 값을 지정할 때와 같은 인터페이스에서 주로 활용한다.

1. 엑스코드에서 'Sliders'라는 이름으로 Single View Application 프로젝트를 생성한다.

2. 프로젝트에 워치킷 앱WatchKit App 타깃을 추가한다. 아무런 기능도 추가되지 않은 워치킷 프로젝트를 생성하도록 Include Notification Scene 옵션을 해제한다.

3. Interface.storyboard 파일을 선택하여 스토리보드 편집창을 연다.

4. 슬라이더 컨트롤을 디폴트 인터페이스 컨트롤러에 드래그 앤 드롭한다(그림 3.23).

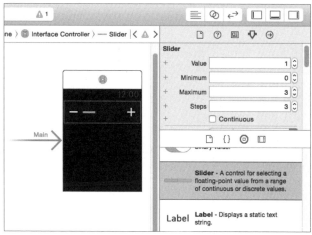

그림 3.23 인터페이스 컨트롤러에 슬라이더 추가하기

5. 아이폰 6 시뮬레이터로 애플리케이션을 구동하고, 애플 워치 시뮬레이터에서 +와 − 버튼을 클릭한 뒤, 슬라이더가 어떻게 변하는지 살펴보자(그림 3.24).

그림 3.24 슬라이더 테스트하기

6. 인터페이스 컨트롤러에 레이블 하나를 추가한다(그림 3.25).

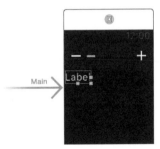

그림 3.25 인터페이스 컨트롤러에 레이블 추가하기

7. 슬라이더 컨트롤에 아웃렛 한 개를 추가하고, 이름을 'slider'로 지정한다. 마찬가지로 레이블 컨트롤에 대해서도 아웃렛을 추가한 뒤, 이름을 'label'로 지정한다. 이제 슬라이더 컨트롤에 대한 액션을 추가하고, 이름을 'sliderAction'으로 지정한다. 그러면 InterfaceController.swift 파일이 다음과 같이 구성된다.

```
import WatchKit
import Foundation

class InterfaceController: WKInterfaceController {

    @IBOutlet weak var slider: WKInterfaceSlider!

    @IBOutlet weak var label: WKInterfaceLabel!

    @IBOutlet func sliderAction(value: Float) {
    }
```

8. 슬라이더 컨트롤의 속성을 다음과 같이 지정한다(그림 3.26)

a. Maximum: 10

b. Steps: 5

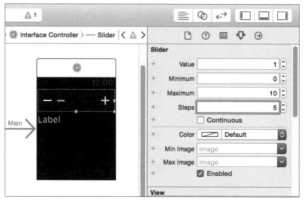

그림 3.26 슬라이더 컨트롤의 속성 설정하기

9. InterfaceController.swift 파일에 다음과 같이 굵게 표시한 문장을 추가한다.

```
@IBAction func sliderAction(value: Float) {
    label.setText("\(value)")
}

override func awakeWithContext(context: AnyObject?) {
    super.awakeWithContext(context)

    // 여기서 인터페이스 오브젝트를 설정한다.
    slider.setValue(0.0)
    label.setText("0.0")
}
```

> **노트**
>
> 코드에서 슬라이더 컨트롤의 값을 설정할 수는 있지만, 반대로 값을 가져올 수는 없다. 이 값을 읽으려면 상태가 변할 때마다 값을 저장하는 액션을 슬라이더 컨트롤에 구현해야 한다.

10. 아이폰 6 시뮬레이터로 애플리케이션을 구동하고, +와 − 버튼을 클릭하면 레이블 컨트롤에 어떤 값이 표시되는지 확인한다(그림 3.27).

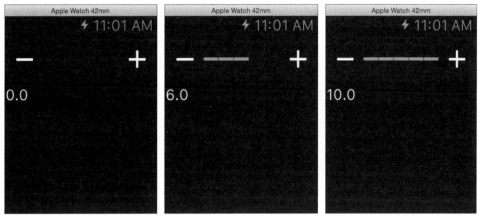

그림 3.27 슬라이더 테스트하기

Steps 속성을 통해 슬라이더를 몇 번 클릭해야 최대 값에 도달하는지를 지정할 수 있다. 이렇게 클릭할 때마다 슬라이더의 길이(Maximum 속성에서 Minimum 속성을 뺀 값)를 Steps 값으로 나눈 값만큼 슬라이더 값이 증가하거나 감소한다. 예제에서는 슬라이더의 길이는 10(Maximum 10에서 Minimum 0을 뺀 값)이며, Steps는 5이므로, +나 − 버튼을 클릭할 때마다 2만큼 증가하거나 감소한다.

화면에 정보를 표시하는 컨트롤

애플 워치에서 사용자에게 특정한 정보를 화면에 표시할 수 있도록, 워치킷에서는 다음과 같은 컨트롤을 제공하고 있다.

- **레이블**Label: 서식 텍스트를 화면에 표시하는 컨트롤로서, 텍스트를 동적으로(실행 시간에) 변경할 수 있다.
- **이미지**Image: 한 개의 이미지 또는 (애니메이션을 위해) 연속된 여러 개의 이미지를 표시하는 컨트롤
- **테이블**Table: 데이터 리스트를 화면에 표시하는 컨트롤로서, 현재는 한 개의 열로 구성된 테이블만 지원한다.

레이블

앞에서 소개한 예제 프로젝트에서 여러 차례 레이블을 사용한 바 있다. 여기서 알수 있듯이 레이블 컨트롤은 텍스트 문자열을 화면에 표시하는 역할을 한다. 버튼 컨트롤과 마찬가지로 서식 문자열도 지원한다.

> **노트**
> 레이블에 서식 문자열을 사용하는 방법에 대해서는 '서식 문자열 표시' 절을 참고한다.

레이블 컨트롤은 4장에서 애플 워치 애플리케이션을 국제화와 현지화하는 방법에 대해 소개할 때 자세히 설명한다.

이미지

이미지는 다음과 같이 다양한 용도로 활용한다.

- 인터페이스 컨트롤러의 배경
- 버튼의 배경(버튼 절에서 설명한 바 있음)
- 별도의 이미지 컨트롤로 활용

인터페이스 컨트롤러의 배경 이미지 설정

먼저 인터페이스 컨트롤러의 배경 이미지를 지정하는 방법에 대해 살펴보자.

1. 엑스코드에서 'Images'라는 이름으로 Single View Application 프로젝트를 생성한다.

2. 프로젝트에 WatchKit App 타깃을 추가한다. 아무런 기능도 추가되지 않은 워치킷 프로젝트를 생성하도록 Include Notification Scene 옵션을 해제한다.

3. flag.png와 apple.png라는 이름의 이미지 파일 두 개를 현재 프로젝트의 WatchKit App 타깃의 Images.xcassets 파일로 드래그 앤 드롭한다(그림 3.28).

> **노트**
> flag.png와 apple.png는 다운로드한 이 책의 예제 소스 코드에 포함되어 있다.

그림 3.28 프로젝트에 이미지 추가하기

4. Interface.storyboard 파일을 선택하여 스토리보드 편집창을 연다.

5. 디폴트 인터페이스 컨트롤러에서 Background 속성을 apple로 지정하고, Mode
속성을 Aspect Fit으로 지정한다(그림 3.29). 그러면 인터페이스 컨트롤러의 배경
에 이미지가 표시된다.

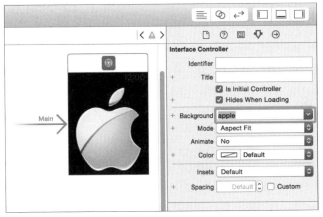

그림 3.29 인터페이스 컨트롤러의 배경 이미지 지정하기

6. 아이폰 6 시뮬레이터로 애플리케이션을 구동하면, 그림 3.30과 같이 이미지가
표시되는 것을 볼 수 있다.

그림 3.30 인터페이스 컨트롤러의 배경 이미지가 설정된 모습

이미지 컨트롤 사용

앞 절에서는 인터페이스 컨트롤러의 배경에 이미지를 표시하는 방법을 살펴봤다. 이 절에서는 이미지 컨트롤로 인터페이스 컨트롤러에 이미지를 표시하는 방법에 대해 알아보자.

1. 앞 절에서 만든 프로젝트에서 인터페이스 컨트롤러에 이미지 컨트롤을 하나 추가하고, Horizontal 속성과 Vertical 속성 값을 Center로 지정한다(그림 3.31).

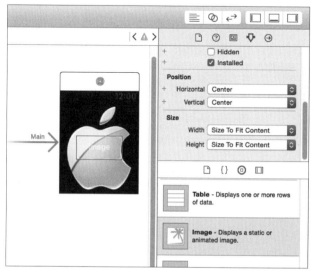

그림 3.31 인터페이스 컨트롤러에 이미지 추가하기

2. Image 속성 값을 flag로 지정하고, Mode 속성 값을 Scale to Fill로 지정한다.

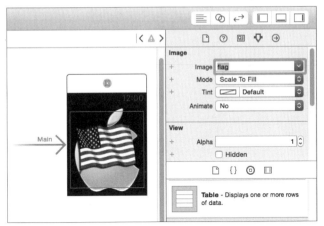

그림 3.32 이미지 컨트롤에 이미지 지정하기

3. 아이폰 6 시뮬레이터로 애플리케이션을 구동하면, 그림 3.33과 같이 이미지가 표시되는 것을 볼 수 있다.

그림 3.33 이미지 컨트롤 테스트하기

4. 이미지 컨트롤의 setImageNamed: 메소드를 호출하는 방식으로 코드에서 이미지 컨트롤에 이미지를 지정할 수도 있다. 이렇게 하려면 이미지 컨트롤에 대한 아웃렛을 만들고, 다음과 같이 InterfaceController.swift 파일에 굵게 표시한 문장을 추가한다.

```
import WatchKit
import Foundation

class InterfaceController: WKInterfaceController {
    @IBOutlet weak var image: WKInterfaceImage!

    override func awakeWithContext(context: AnyObject?) {
        super.awakeWithContext(context)

        // 여기서 인터페이스 오브젝트를 설정한다.
        image.setImageNamed("flag")
    }
```

> **노트**
> 이 때 2단계에서 flag로 설정된 이미지 컨트롤의 Image 속성 값을 비워야 한다.

애니메이션 제작

애플 워치에서는 연속된 이미지 파일로 애니메이션 효과를 낼 수 있다. 이 때 사용할 이미지는 사용자에게 재빨리 보여줄 수 있도록 WatchKit App 번들에 저장한다. 이 절에서는 이미지 컨트롤을 사용하여 간단한 애니메이션 효과를 내는 방법에 대해 알아보자.

1. 앞 절에서 만든 프로젝트에, 여러 개의 연속된 이미지를 WatchKit App 타깃의 Images.xcassets 파일로 드래그 앤 드롭한다(그림 3.34).

> **노트**
> 여기서 사용할 이미지는 다운로드한 이 책의 예제 소스 코드에 포함되어 있다.

이미지 파일 이름	크기
heart0.png	130x113픽셀
heart1.png	110x96픽셀
heart2.png	90x78픽셀
heart3.png	70x61픽셀
heart4.png	50x43픽셀

그림 3.34 애니메이션에 사용할 이미지 추가하기

2. 인터페이스 컨트롤러에서 이미지 컨트롤의 Mode 속성을 Center로 지정한다(그림 3.35).

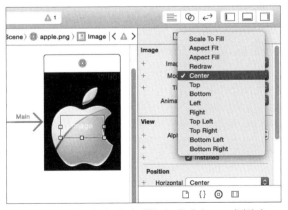

그림 3.35 이미지 컨트롤에 대한 디스플레이 모드 지정하기

3. InterfaceController.swift 파일에 다음과 같이 굵게 표시한 문장을 추가한다.

```
override func awakeWithContext(context: AnyObject?) {
    super.awakeWithContext(context)

    // 여기서 인터페이스 오브젝트를 설정한다.
    image.setImageNamed("heart")

    //---5개의 이미지를 0.5초 간격으로 변경한다.
    //---위치는 시작 이미지 heart0.png가 있는 0으로 지정하고,
    // 길이는 애니메이션에 사용할 이미지의 개수로 지정한다.---
    image.startAnimatingWithImagesInRange(
        NSRange(location:0, length:5),
            duration: 0.5, repeatCount: Int.max)
}
```

4. 아이폰 6 시뮬레이터로 애플리케이션을 구동하면, 그림 3.36과 같이 하트 표시가 뛰는 것을 볼 수 있다.

그림 3.36 하트 표시가 뛰는 모습

테이블

애플 워치 애플리케이션에서 리스트 형태로 구성된 항목을 화면에 표시하려면 테이블 컨트롤을 사용하면 된다. 가령 애플 워치에 이름에 대한 리스트를 표시할 때 테이블을 사용하면 좋다. 테이블은 텍스트 길이에 제한을 두지 않으며, 각 행마다 이미지를 넣을 수도 있다. 실제로 테이블의 행에 이 장에서 소개하는 여러 가지 컨트롤을 모두 담을 수도 있다.

1. 엑스코드에서 'Tables'라는 이름으로 Single View Application 프로젝트를 생성한다.

2. 프로젝트에 WatchKit App 타깃을 추가한다. 아무런 기능도 추가되지 않은 워치킷 프로젝트를 생성하도록 Include Notification Scene 옵션을 해제한다.

3. 워치킷 앱WatchKit App 타깃에 있는 Interface.storyboard 파일을 선택하여 스토리보드 편집창을 연다.

4. 인터페이스 컨트롤러에 테이블 컨트롤을 추가한다(그림 3.37).

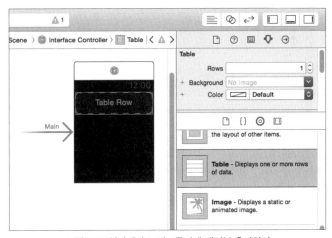

그림 3.37 인터페이스 컨트롤러에 테이블 추가하기

5. 그림 3.38과 같이 테이블 컨트롤에 레이블 컨트롤을 추가한다.

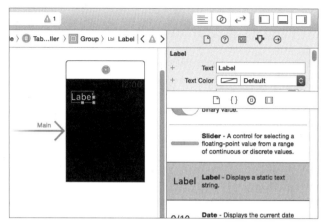

그림 3.38 테이블 컨트롤에 레이블 추가하기

6. 레이블 컨트롤을 선택하고, Horizontal 속성과 Vertical 속성 값을 Center로 지정한다(그림 3.39). 이렇게 하면 레이블이 테이블에서 가운데로 정렬된다.

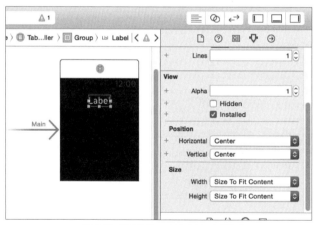

그림 3.39 레이블 컨트롤의 속성 지정하기

7. iOS ➤ Swift File을 선택하여, 현재 프로젝트의 Extension 타깃에 새로운 스위프트 파일을 추가하고, 이름을 FruitsTableRowController.swift로 지정한다(그림 3.40).

그림 3.40 현재 프로젝트에 스위프트 클래스 추가하기

8. FruitsTableRowController.swift 파일의 내용을 다음과 같이 작성한다.

```
import UIKit
import WatchKit

class FruitsTableRowController: NSObject {
    @IBOutlet weak var label: WKInterfaceLabel!
}
```

9. 스토리보드 편집창으로 돌아와서, Table Row Controller를 선택하고, Class 속성을 FruitsTableRowController로 지정한다(그림 3.41 상단). 그러면 Table Row Controller의 이름이 Fruits Table Row Controller로 변경된다. 이때 Module 속성도 Tables_WatchKit_Extension으로 지정한다(그림 3.41 하단).

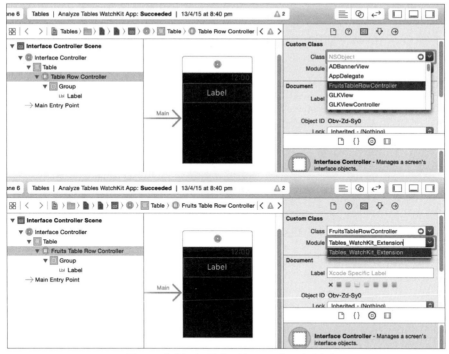

그림 3.41 테이블 컨트롤에 스위프트 클래스 지정하기

10. Fruits Table Row Controller를 선택한 뒤, Identifier 속성을 FruitsTableRowControllerID
로 지정한다(그림 3.42). 그러면 Fruits Table Row Controller의 이름이
FruitsTableRowControllerID로 변경된다.

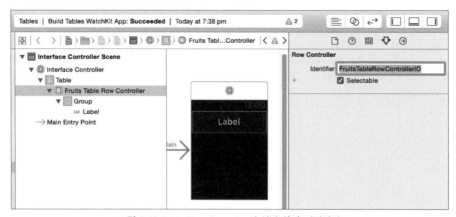

그림 3.42 Table Row Controller의 식별자(ID) 지정하기

11. FruitsTableRowControllerID에 대고 마우스 오른쪽 버튼을 클릭하면 팝업 창이 뜨는데, 여기서 레이블 아웃렛을 테이블 컨트롤에 있는 레이블에 연결한다(그림 3.43).

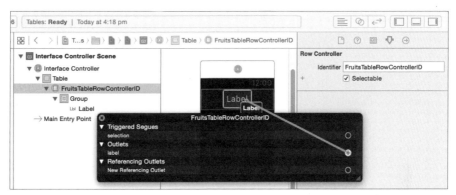

그림 3.43 레이블 컨트롤에 아웃렛 연결하기

12. View ➤ Assistant Editor ➤ Show Assistant Editor 메뉴를 클릭해서 보조 편집창을 연다. 컨트롤Control 키를 누르고 Table 컨트롤을 클릭한 상태에서 InterfaceController 클래스로 드래그 앤 드롭한다(그림 3.44).

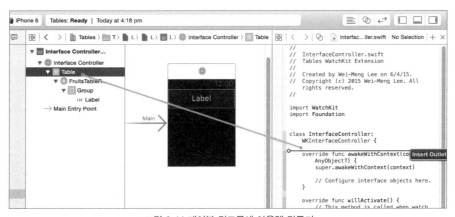

그림 3.44 테이블 컨트롤에 아웃렛 만들기

13. 아웃렛의 이름을 'tableView'로 지정하고 **Connect**를 클릭한다(그림 3.45).

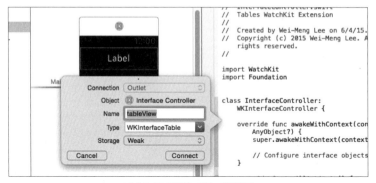

그림 3.45 아웃렛 이름 지정하기

14. InterfaceController.swift 파일에 다음과 같이 굵게 표시한 문장을 추가한다.

```swift
import WatchKit
import Foundation

class InterfaceController: WKInterfaceController {

    @IBOutlet weak var tableView: WKInterfaceTable!

    var fruits = [
        "Durian",
        "Pineapple",
        "Apple",
        "Orange",
        "Guava",
        "Peach",
        "Rambutan" ]

    func populateTableView() {
        tableView.setNumberOfRows(fruits.count,
            withRowType: "FruitsTableRowControllerID")

        for (index, value) in enumerate(fruits) {
            let row =tableView.rowControllerAtIndex(index) as!
                FruitsTableRowController
            row.label.setText(value)
```

```
        }
    }

    override func awakeWithContext(context: AnyObject?) {
        super.awakeWithContext(context)

        // 여기서 인터페이스 오브젝트를 설정한다.
        populateTableView()
    }
```

15. 아이폰 6 시뮬레이터로 애플리케이션을 구동하면, 그림 3.46과 같이 애플 워치 시뮬레이터에 과일 이름에 대한 리스트가 화면에 표시되는 것을 볼 수 있다.

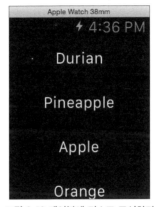

그림 3.46 테이블에 리스트 표시하기

이미지 화면에 표시

테이블 컨트롤은 텍스트 목록을 표시할 때 뿐만 아니라, 텍스트 옆에 이미지도 함께 표시할 때 더욱 유용하다.

1. 현재 프로젝트의 WatchKit App 타깃의 Images.xcassets 파일에 fruit.png라는 이름의 이미지 파일을 추가한다(그림 3.47).

> **노트**
> fruit.png 파일은 다운로드한 이 책의 예제 소스 코드에 포함되어 있다.

그림 3.47 현재 프로젝트에 이미지 추가하기

2. 그림 3.48과 같이 테이블 컨트롤에 이미지 컨트롤을 추가한다.

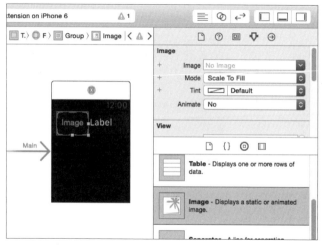

그림 3.48 Table Row Controller에 이미지 컨트롤 추가하기

3. 이미지 컨트롤의 속성을 다음과 같이 지정한다(그림 3.49).

    a. **Mode**: Aspect Fill

    b. **Horizontal**: Right

    c. **Vertical**: Center

    d. **Width**: Fixed, 30

    e. **Height**: Fixed, 30

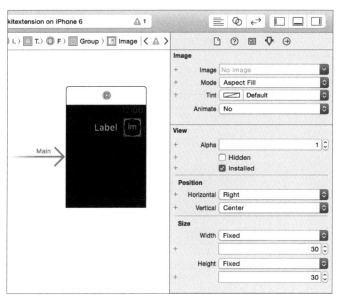

그림 3.49 이미지 컨트롤의 속성 지정하기

4. FruitsTableRowController.swift 파일에 다음과 같이 굵게 표시한 문장을 추
가한다.

```
import UIKit
import WatchKit

class FruitsTableRowController: NSObject {
    @IBOutlet weak var label: WKInterfaceLabel!
    @IBOutlet weak var image: WKInterfaceImage!
}
```

5. 스토리보드 편집창으로 돌아와서, FruitsTableRowControllerID에 대고 마우
스 오른쪽 버튼을 클릭하고, 이미지 아웃렛을 이미지 컨트롤에 연결한다(그림
3.50).

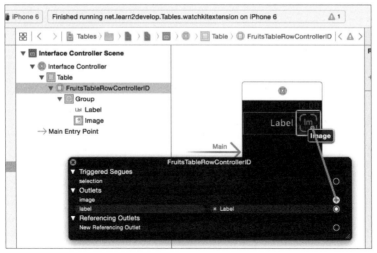

그림 3.50 이미지 컨트롤에 아웃렛 연결하기

6. InterfaceController.swift 파일에 다음과 같이 굵게 표시한 문장을 추가한다.

```swift
import WatchKit
import Foundation

class InterfaceController: WKInterfaceController {

    @IBOutlet weak var tableView: WKInterfaceTable!

    var fruits = [
        "Durian",
        "Pineapple",
        "Apple",
        "Orange",
        "Guava",
        "Peach",
        "Rambutan" ]

    func populateTableView() {
        tableView.setNumberOfRows(fruits.count,
            withRowType: "FruitsTableRowControllerID")

        for (index, value) in enumerate(fruits) {
            let row =tableView.rowControllerAtIndex(index) as!
```

```
            FruitsTableRowController
        row.label.setText(value)
        row.image.setImageNamed("fruit")
    }
  }
```

7. 아이폰 6 시뮬레이터로 애플리케이션을 구동하면 그림 3.51과 같이 테이블의
   행마다 텍스트 옆에 이미지가 표시되는 것을 볼 수 있다.

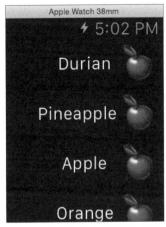

그림 3.51 행마다 이미지를 담은 테이블

테이블에 담긴 항목 선택

테이블 컨트롤에 담긴 특정 항목을 탭하면, `table:didSelectRowAtIndex:` 메소
드가 호출된다.

> **노트**
> 테이블 컨트롤에 특정한 정보를 표시하기만 하고, 각 행을 탭 하지 않게 만들려면, 그림 3.42에
> 나온 Row Controller의 Selectable 속성을 선택하지 않는다.

테이블에 담긴 항목을 선택할 때 다른 인터페이스 컨트롤러로 이동하는 것과 같
이 특정한 액션을 수행하려면, 이 메소드에 원하는 동작을 정의하면 된다.

1. InterfaceController.swift 파일에 다음과 같이 굵게 표시한 문장을 추가한다.

```swift
class InterfaceController: WKInterfaceController {

    @IBOutlet weak var tableView: WKInterfaceTable!

    var fruits = [
        "Durian",
        "Pineapple",
        "Apple",
        "Orange",
        "Guava",
        "Peach",
        "Rambutan" ]

    override func table(table: WKInterfaceTable,
        didSelectRowAtIndex rowIndex: Int) {
        println(fruits[rowIndex])
    }
}
```

2. 아이폰 6 시뮬레이터로 애플리케이션을 구동하고, 테이블의 항목을 클릭하면 Output 창에 해당 항목의 과일 이름이 표시되는지 확인한다(그림 3.52).

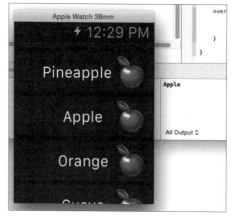

그림 3.52 행을 선택하면 해당 항목의 과일 이름이 표시된다

114

정보 수집

애플 워치는 주로 정보를 표시하는 역할을 하지만, 경우에 따라 사용자로부터 입력을 받아야 할 때도 있다. 이렇게 사용자가 애플 워치로 정보를 입력하는 방법으로는 다음과 같은 것이 있다.

- 미리 정의된 텍스트 목록에서 선택하기
- 음성으로 명령하기
- 이모지emoji 리스트에서 선택하기

텍스트 입력 받기

애플 워치에서 텍스트를 입력 받는 기능은 `presentTextInputControllerWith Suggestions:allowedInputMode:completion:` 메소드로 처리한다. 이 메소드는 미리 정의된 텍스트 리스트를 사용자에게 보여주거나, 음성으로 명령을 받거나, 이모지emoji를 선택하는 방식으로 사용자로부터 입력을 받는 인터페이스를 제공한다.

이번 예제에서는 사용자로부터 텍스트 정보와 이모지를 받아오는 방법에 대해 살펴보자.

1. 엑스코드에서 'TextInputs'라는 이름으로 Single View Application 프로젝트를 생성한다.

2. 프로젝트에 WatchKit App 타깃을 추가한다. 아무런 기능도 추가되지 않은 워치킷 프로젝트를 생성하도록 Include Notification Scene 옵션을 해제한다.

3. Interface.storyboard 파일을 선택하여 스토리보드 편집창을 연다.

4. 버튼과 레이블을 기본 인터페이스 컨트롤러로 드래그 앤 드롭하고, 버튼의 타이틀을 "Select Symbol"로 지정한다(그림 3.53).

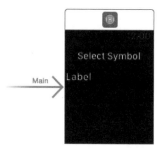

그림 3.53 인터페이스 컨트롤러에 버튼과 레이블 추가하기

5. InterfaceController.swift 파일에 레이블에 대한 아웃렛을 생성하고, 이름을 lblSymbolSelected로 지정한다. 버튼에 대한 액션을 추가하고, 이름을 btnSelectSymbol로 지정한다.

```
import WatchKit
import Foundation

class InterfaceController: WKInterfaceController {

    @IBAction func btnSelectSymbol() {
    }

    @IBOutlet weak var lblSymbolSelected: WKInterfaceLabel!
```

6. InterfaceController.swift 파일에 다음과 같이 굵게 표시한 문장을 추가한다.

```
import WatchKit
import Foundation

class InterfaceController: WKInterfaceController {

    @IBAction func btnSelectSymbol() {
        presentTextInputControllerWithSuggestions(
            ["AAPL", "AMZN", "FB", "GOOG"],
            allowedInputMode: WKTextInputMode.Plain)
            { (results) -> Void in
                if results != nil {
                    //---결과를 문자열로 변환할 수 있는지 확인
```

```
                    var symbol = results.first as? String
                    if symbol != nil {
                        self.lblSymbolSelected.setText("Symbol: " + symbol!)
                    }
                }
            }
        }
    }

    @IBOutlet weak var lblSymbolSelected: WKInterfaceLabel!

    override func awakeWithContext(context: AnyObject?) {
        super.awakeWithContext(context)

        // 여기서 인터페이스 오브젝트를 설정한다.
        lblSymbolSelected.setText("")
    }
```

presentTextInputControllerWithSuggestions:allowedInputMode:
completion: 메소드는 두 개의 인자와 한 개의 클로저closure를 인자로 받는다.

- 사용자가 선택할 사항을 제시하는 문자열 배열
- 입력 모드: 일반 텍스트, 이모지, 애니메이션 방식 이모지
- 사용자가 모달 인터페이스를 닫은 뒤에 실행할 코드 블록. 결과로 사용자가
  입력한 내용을 담은 배열을 얻게 된다. 사용자가 문자열을 입력했다면, 이 배
  열에는 NSString 오브젝트가 담긴다. 사용자가 이모지를 입력했다면 NSData
  오브젝트가 배열에 담긴다.

예제에서는 사용자로부터 일반 텍스트를 입력받도록 구성했다.

7. 아이폰 시뮬레이터로 애플리케이션을 구동하고, 애플 워치 시뮬레이터에서
   Select Symbol을 클릭한다. 그러면 미리 정의된 기호가 리스트로 표시되는데, 이
   중에서 하나를 선택한다. 애플 워치의 음성 명령 기능을 통해 텍스트를 입력하
   려면 마이크 버튼을 탭한다.

그림 3.54 예제 애플리케이션 테스트

이모지 입력 받기

앞 절에서 설명한 바와 같이, presentTextInputControllerWithSuggestions:
allowedInputMode:completion: 메소드는 인자로 이모지나 애니메이션 이모지
를 입력 받을 수 있다. 이모지를 입력 받으려면 다음과 같이 작성한다.

1. InterfaceController.swift 파일에 다음과 같이 굵게 표시한 문장을 추가한다.

```
@IBAction func btnSelectSymbol() {
    presentTextInputControllerWithSuggestions(
        ["AAPL", "AMZN", "FB", "GOOG"],
        allowedInputMode: WKTextInputMode.AllowEmoji)
        { (results) -> Void in
            if results != nil {
                //---결과를 문자열로 변환할 수 있는지 확인한다.
                var symbol = results.first as? String
                if symbol != nil {
                    self.lblSymbolSelected.setText("Symbol: " + symbol!)
                } else {
                    //---결과를 NSData로 변환할 수 있는지 확인한다.
                    if let emoji = results.first as? NSData {
                        let img = UIImage(data: emoji)
                        //---이미지 컨트롤 등에서 이모지를 사용한다.
```

```
                    }
                }
            }
        }
    }
}
```

이번에는 이모지를 입력 받을 수 있도록 입력 타입을 WKTextInputMode. AllowEmoji로 변경했다. 사용자가 값을 입력한 뒤에, 입력 값의 첫 번째 원소를 String으로 형변환해보고, 제대로 변환된다면 사용자가 텍스트를 입력한 것을 알 수 있다. 반대로 변환되지 않는다면 이모지를 입력했을 수도 있으므로, NSData로 형변환해본다. 이렇게 변환한 NSData를 다시 UIImage 오브젝트로 변환해서 이미지 컨트롤을 통해 화면에 표시한다.

2. 애플 워치 시뮬레이터에서는 이모지를 지원하지 않기 때문에, 예제 애플리케이션을 애플 워치에 페어링 된 아이폰에서 실행시켜야 한다. 예제를 구동시킨 뒤에 애플 워치에서 Select Symbol 버튼을 탭하면, 기호 목록을 선택하면 화면이 나타난다(그림 3.55). 이모지 리스트에서 Emoji 버튼을 탭해서 원하는 항목을 선택할 수도 있다.

그림 3.55 이모지 목록에서 선택하기

노트
애플 워치 시뮬레이터에서는 이모지를 입력하는 기능을 지원하지 않는다.

화면에 컨트롤 배치

지금까지는 버튼과 테이블, 레이블과 같은 다양한 컨트롤을 사용하여 정보를 텍스트나 이미지와 같은 다양한 형태로 화면에 표시하는 방법에 대해 살펴봤다. 그러나 인터페이스 컨트롤러로 이러한 컨트롤을 드래그 앤 드롭할 때, 대다수의 컨트롤이 위에서 아래로 한 방향으로만 나열됐다. 이 절에서는 그룹Group 컨트롤을 이용하여 여러 개의 컨트롤을 하나의 그룹으로 묶는 방법에 대해 소개한다. 그룹 컨트롤은 다른 컨트롤을 담는 컨테이너로 사용하기 좋으며, 컨트롤을 수직으로 정렬할 수도 있고, 수평으로 정렬할 수도 있다. 그룹 컨트롤 안에 다른 그룹 컨트롤을 넣는 방식으로 중첩할 수도 있다.

1. 엑스코드에서 'Layouts'라는 이름으로 Single View Application 프로젝트를 생성한다.

2. 프로젝트에 WatchKit App 타깃을 추가한다. 아무런 기능도 추가되지 않은 워치킷 프로젝트를 생성하도록 Include Notification Scene 옵션을 해제한다.

3. Interface.storyboard 파일을 선택하여 스토리보드 편집창을 연다.

4. 스토리보드에 버튼 컨트롤을 추가한다(그림 3.56).

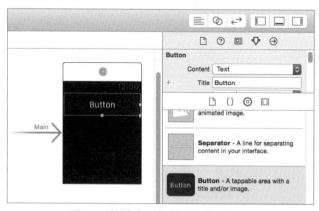

그림 3.56 인터페이스 컨트롤러에 버튼 추가하기

5. 버튼의 Title 속성을 1로 지정하고, Width와 Height를 모두 Fixed, 40으로 지정한다
(그림 3.57).

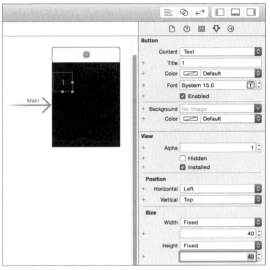

그림 3.57 버튼의 타이틀 지정하기

6. 앞 단계에서 수정한 버튼을 인터페이스 컨트롤러에 복사해서 붙여 넣은 다음,
타이틀을 2로 변경한다(그림 3.58). 이 때 두 번째 버튼은 다음 줄에 표시된다.

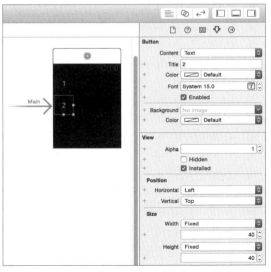

그림 3.58 버튼 복사하기

7. 두 버튼을 같은 줄에서 그룹으로 묶으려면, 그룹 컨트롤을 사용해야 한다. 그림 3.59처럼 그룹 컨트롤을 인터페이스 컨트롤러로 드래그 앤 드롭한다.

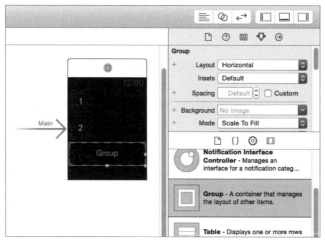

그림 3.59 인터페이스 컨트롤러에 그룹 컨트롤 추가하기

8. 두 버튼을 하나씩 그룹 컨트롤로 드래그 앤 드롭한다. 그러면 인터페이스 컨트롤러에서 그림 3.60처럼 버튼을 배치한다.

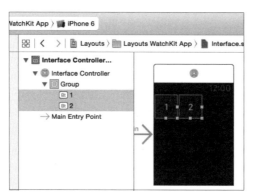

그림 3.60 두 개의 버튼 컨트롤을 그룹 컨트롤러로 옮기기

9. 타이틀이 2인 버튼을 복사해서 그룹 컨트롤에 붙여 넣고, 이 버튼의 타이틀을 3으로 변경한다. 이제 그룹 컨트롤을 복사해서 인터페이스 컨트롤러에 세 번 붙

여 넣는다. 버튼의 타이틀을 각각 4, 5, 6, 7, 8, *, 0, #으로 지정한다. 그러면 인터페이스 컨트롤러가 그림 3.61처럼 표시된다.

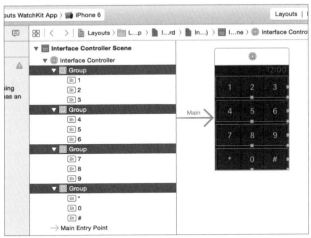

그림 3.61 인터페이스 컨트롤러에 네 개의 그룹 컨트롤이 추가된 모습

10. 첫 번째 그룹 컨트롤에서 세 개의 버튼을 선택한 다음, Position 아래의 Horizontal 속성을 Center로 지정한다(그림 3.62).

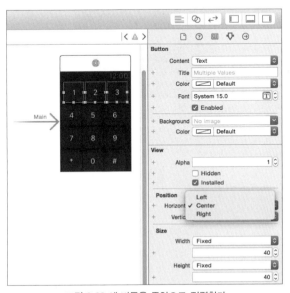

그림 3.62 세 버튼을 중앙으로 정렬한다

11. 나머지 세 개의 그룹 컨트롤에 있는 버튼에 대해서도 똑같이 설정한다.

12. 아이폰 시뮬레이터로 애플리케이션을 구동하면, 애플 워치 시뮬레이터에 그림 3.63과 같이 숫자 패드가 표시되는 것을 볼 수 있다.

아이폰이나 아이패드에서 이런 식으로 구현할 땐 12개의 버튼을 하나의 액션에 연결해서 효율적으로 처리할 수 있다. 하지만 아이폰과 아이패드의 UIKit과 달리 워치킷에서는 각 버튼에 대한 IBAction에 터치한 버튼 컨트롤에 대한 레퍼런스가 담겨 있지 않다.

```
@IBAction func btnClicked() {
}
```

따라서 12개의 버튼에 대한 액션을 구현하려면 총 12개의 액션을 구현해야 한다.

그림 3.63 12개의 버튼으로 표시한 숫자 패드

포스 터치

애플 워치만의 독특한 기능 중 하나로 포스 터치Force Touch가 있다. 화면에 여러 가지 컨트롤을 탭하는 대신, 화면을 약하게 눌러서 현재 인터페이스 컨트롤러의 컨텍스트 메뉴를 띄우게 할 수 있다.

컨텍스트 메뉴 표시

이 절에서는 포스 터치를 사용하여 인터페이스 컨트롤러의 컨텍스트 메뉴를 화면에 표시하는 방법에 대해 살펴보자.

1. 엑스코드에서 'ForceTouch'라는 이름으로 Single View Application 프로젝트를 생성한다.

2. 프로젝트에 WatchKit App 타깃을 추가한다. 아무런 기능도 추가되지 않은 워치킷 프로젝트를 생성하도록 Include Notification Scene 옵션을 해제한다.

3. Interface.storyboard 파일을 선택하여 스토리보드 편집창을 연다.

4. 인터페이스 컨트롤러에 메뉴Menu 컨트롤을 추가한다(그림 3.64). 이 메뉴 컨트롤은 인터페이스 컨트롤러에 표시되지 않고, 계층 뷰에서만 볼 수 있다.

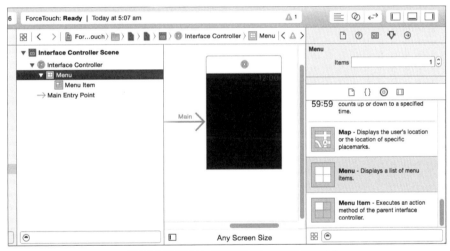

그림 3.64 인터페이스 컨트롤에 메뉴 컨트롤 추가하기

5. 메뉴 컨트롤은 메뉴 아이템Menu Item이라는 컨트롤을 담는다. 다른 메뉴 아이템을 현재 메뉴 아이템에 드래그 앤 드롭한다(그림 3.65). 메뉴 컨트롤은 최대 네 개의 메뉴 아이템으로 구성된 컨텍스트 메뉴를 화면에 표시하게 된다.

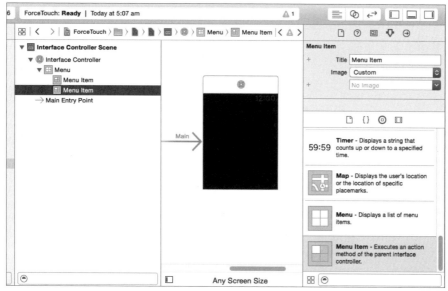

그림 3.65 메뉴 컨트롤에 최대 네 개의 메뉴 아이템 컨트롤을 담을 수 있다

6. 메뉴 아이템 컨트롤에 이미지를 표시하도록, Picture.png라는 이름의 이미지 파일을 WatchKit App 타깃에 있는 Images.xcassets 파일로 드래그 앤 드롭한 다(그림 3.66). 이 이미지는 템플릿이기 때문에 Images.xcassets 파일에 보이지는 않는다.

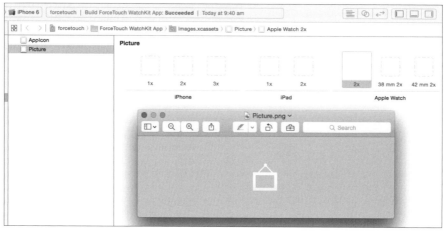

그림 3.66 프로젝트에 템플릿 이미지 추가하기

노트

메뉴 아이템 컨트롤에 표시되는 이미지는 반드시 템플릿 이미지여야 한다. 이 파일은 다운로드한 이 책의 예제 소스 코드에 담겨 있다.

7. 첫 번째 메뉴 아이템을 선택하고, Title 속성을 Singapore로 지정하고, 이미지를 Picture로 지정한다(그림 3.67).

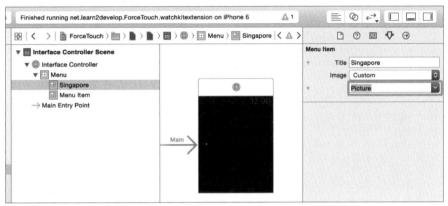

그림 3.67 첫 번째 메뉴 아이템 컨트롤의 속성 설정하기

8. 두 번째 메뉴 아이템 컨트롤을 선택하고, Title 속성을 Norway로 지정하고, 이미지를 Picture로 지정한다(그림 3.68).

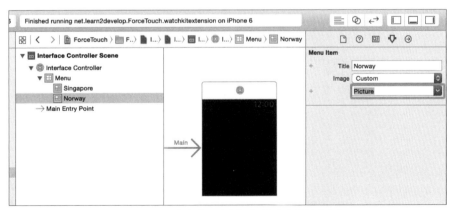

그림 3.68 두 번째 메뉴 아이템 컨트롤의 속성 설정하기

9. 아이폰 시뮬레이터로 예제를 구동하고, 애플 워치 시뮬레이터에서 포스 터치를 하기 위해 길게 클릭하면, 그림 3.69처럼 컨텍스트 메뉴가 나타나는 것을 확인할 수 있다. 둘 중 아무 버튼을 누르면 컨텍스트 메뉴가 사라진다.

그림 3.69 애플 워치 시뮬레이터를 길게 클릭하여 컨텍스트 메뉴 띄우기

10. flag_norway.png와 flag_singapore.png 파일을 WatchKit App 타깃에 있는 Image.xcassets 파일로 드래그 앤 드롭한다(그림 3.70).

노트
두 이미지 파일은 다운로드한 이 책의 예제 코드에 담겨 있다.

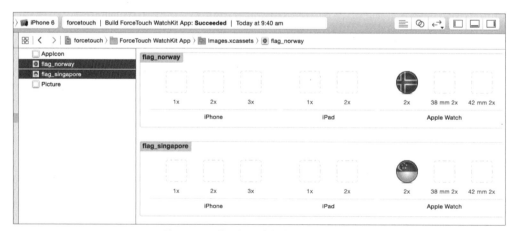

그림 3.70 프로젝트에 두 개의 이미지 추가하기

11. 인터페이스 컨트롤러에 이미지 컨트롤 한 개를 드래그 앤 드롭하고, 속성을 다음과 같이 지정한다(그림 3.71).

- Image: flag_singapore
- Horizontal: Center
- Vertical: Center

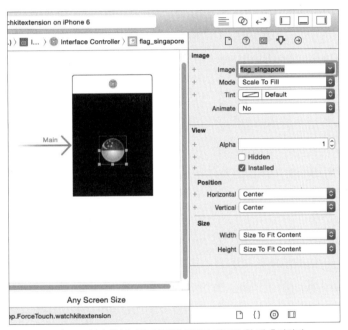

그림 3.71 인터페이스 컨트롤러에 이미지 컨트롤 한 개 추가하기

12. 인터페이스 컨트롤러에 레이블 컨트롤 한 개를 드래그 앤 드롭하고, 속성을 그림 3.72와 같이 지정한다.

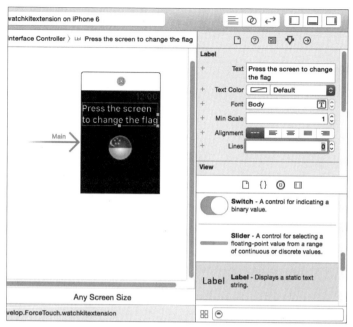

그림 3.72 인터페이스 컨트롤러에 레이블 컨트롤 추가하기

13. 엑스코드의 오른쪽 위에 있는 버튼 중 동그라미 두 개가 겹친 모양의 버튼을 클릭해서 보조 편집창을 연 뒤에, InterfaceController.swift 파일에 이미지 컨트롤에 대한 아웃렛을 만들고, 두 개의 메뉴 아이템 컨트롤에 대한 액션을 추가한다. 아웃렛과 액션의 이름은 다음 코드를 참고한다. 그리고 다음 코드에서 굵게 표시한 코드를 추가한다.

```
import WatchKit
import Foundation

class InterfaceController: WKInterfaceController {

    @IBOutlet weak var image: WKInterfaceImage!

    @IBAction func mnuSingapore() {
        image.setImageNamed("flag_singapore")
    }
```

```
@IBAction func mnuNorway() {
    image.setImageNamed("flag_norway")
}
```

14. 아이폰 시뮬레이터로 애플리케이션을 구동하고, 애플 워치 시뮬레이터에서 길
게 클릭하면 컨텍스트 메뉴가 나타나는 것을 확인할 수 있다. 여기서 아무 버튼
을 선택하면 이미지 컨트롤에 각 버튼에 해당하는 국기가 표시된다(그림 3.73).

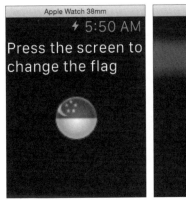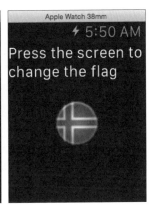

그림 3.73 컨텍스트 메뉴에서 국가를 선택하면 해당 국기가 표시되는 모습

코드에서 메뉴 아이템 추가

디자인 과정에서 메뉴 컨트롤에 메뉴 아이템 컨트롤을 추가하는 않고, 실행 시간에
코드를 통해 메뉴 아이템 컨트롤을 추가해야 하는 경우가 있다. 이번 예제에서는
이렇게 처리하는 방법에 대해 살펴보자.

1. 앞 절에서 만든 프로젝트의 InterfaceController.swift 파일에 다음과 같이 굵
게 표시한 문장을 추가한다.

```
import WatchKit
import Foundation
```

```
class InterfaceController: WKInterfaceController {

    @IBOutlet weak var image: WKInterfaceImage!

    @IBAction func mnuSingapore() {
        image.setImageNamed("flag_singapore")
    }

    @IBAction func mnuNorway() {
        image.setImageNamed("flag_norway")
    }

    func mnuCancel() {
        //---사용자가 Cancel을 탭 한 경우---
    }

    override func awakeWithContext(context: AnyObject?) {
        super.awakeWithContext(context)

        // 여기서 인터페이스 오브젝트를 설정한다.
        self.addMenuItemWithItemIcon(
            WKMenuItemIcon.Decline,
            title: "Cancel",
            action: "mnuCancel")
    }
```

이렇게 작성하면 실행 시간에 코드를 통해 인터페이스 컨트롤러에 메뉴 아이
템 컨트롤을 추가하고, 내장 아이콘 중 하나인 Decline으로 이미지를 지정한다.
또한 타이틀을 Cancel로 지정하고, 액션을 mnuCancel 함수로 처리하도록 설정
한다.

2. 아이폰 시뮬레이터로 애플리케이션을 구동하고, 애플 워치 시뮬레이터에서 길게
클릭하면, 그림 3.74와 같이 컨텍스트 메뉴가 표시되는 것을 확인할 수 있다.

그림 3.74 세 번째 버튼이 추가된 컨텍스트 메뉴

3. addMenuItemWithImageName:title:action: 메소드를 통해 다른 이미지로 지정할 수도 있다.

정리

이 장에서는 애플 워치 애플리케이션의 UI를 구성하는 데 사용할 수 있는 여러 가지 컨트롤에 대해 살펴봤다. 또한 애플리케이션에서 포스 터치로 컨텍스트 메뉴를 표시하는 방법에 대해서도 소개했다. 다음 장에서는 데이트Date와 맵Map과 같은 다른 컨트롤에 대해 살펴보고, 컨테이너 iOS 애플리케이션과 통신하여 좀 더 멋진 기능을 제공하는 애플 워치 애플리케이션을 만드는 방법에 대해 알아볼 것이다.

4

iOS 앱 연결

품질의 척도를 제시하는 사람이 되라.
탁월함을 발휘해야 하는 곳에 적응하지 못하는 사람도 있다.

– 스티브 잡스

앞 장에서는 애플 워치 애플리케이션의 UI를 구성하는 데 필요한 여러 가지 컨트롤에 대해 살펴봤다. 각 컨트롤을 사용하는 과정에서 대부분 프로젝트의 익스텐션에 있는 코드와 스토리보드 사이에서 상호 작용하는 방식으로 구성했다. 그러나 실전에서는 익스텐션의 코드로는 웹 서비스를 호출하거나 위치 정보를 알아내는 것과 같은 다양한 작업을 처리할 수 없다. 익스텐션은 애플 워치 애플리케이션이 워치에서 포그라운드foreground로 실행될 때만 구동되기 때문이다. 사용자가 애플 워치를 다루는 작업은 대부분 짧은 시간에 처리된다. 그래서 사용자가 애플 워치를 더 이상 만지지 않거나 애플리케이션을 종료하면, 곧바로 인터페이스 컨트롤러가 비활성화되고 익스텐션의 실행이 중단된다. 따라서 웹 서비스를 호출하거나 위치 정보를 알아내는 것처럼 다소 긴 시간 동안 실행되어야 하는 작업은 익스텐션으로 처리하면 안 된다. 이런 작업은 컨테이너 iOS 앱으로 처리하는 것이 훨씬 안정적이다. 이러한 컨테이너 앱은 애플 워치에 필요한 작업을 백그라운드로 실행하도록 설정할 수 있다.

이 장에서는 컨테이너 iOS 앱에서 많은 작업을 처리하도록 애플 워치 애플리케이션을 작성하는 방법에 대해 살펴보자. 이 과정에서 다음과 같은 사항에 대해 배울 것이다.

- 다국어를 지원하도록 워치 애플리케이션 현지화하기
- 워치 애플리케이션과 컨테이너 iOS 앱이 서로 통신하기
- 위치 정보 알아내기
- 웹 서비스 사용하기
- 워치 애플리케이션과 컨테이너 iOS 앱이 데이터 공유하기
- 워치킷 설정Settings에서 앱 그룹 데이터 접근하기

현지화

세계 시장을 타깃으로 애플리케이션을 개발하려면 반드시 현지화localization 작업을 해야 한다. 당장은 한국이나 미국만을 대상으로 설계해도 충분하더라도, 나중에 다른 언어와 국가에 대해 앱을 추가로 지원해야 하는 상황에 직면할 수 있다.

다행히 애플 워치 앱을 현지화하는 방법은 기존 iOS 앱과 다르지 않다. 이 절에서는 워치 앱에서 여러 가지 언어를 표시할 수 있도록 만드는 방법에 대해 살펴보자.

1. 엑스코드에서 'Localization'라는 이름으로 Single View Application 프로젝트를 생성한다.

2. 프로젝트에 WatchKit App 타깃을 추가한다. 워치킷 프로젝트를 가볍게 만들기 위해 Include Notification Scene 옵션을 해제한다.

3. Interface.storyboard 파일을 선택하여 스토리보드 편집창을 연다.

4. 스토리보드에 버튼 하나와 레이블 하나를 드래그 앤 드롭하고 타이틀을 지정한다(그림 4.1).

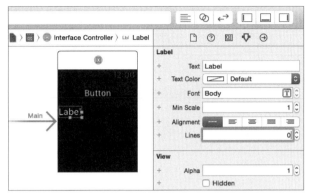

그림 4.1 인터페이스 컨트롤러에 버튼과 레이블 추가하기

5. 버튼에 대한 button 아웃렛과 btnClicked 액션을 하나씩 만든다. 그러면 InterfaceController.swift 파일에 다음과 같이 굵게 표시한 코드가 추가된다.

```
import WatchKit
import Foundation

class InterfaceController: WKInterfaceController {

    @IBOutlet weak var button: WKInterfaceButton!

    @IBAction func btnClicked() {
    }

    override func awakeWithContext(context: AnyObject?) {
        super.awakeWithContext(context)

        // 여기서 인터페이스 오브젝트를 설정한다.
    }
```

6. InterfaceController.swift 파일에 다음과 같이 굵게 표시한 코드를 추가한다.

```
import WatchKit
import Foundation

class InterfaceController: WKInterfaceController {
    var recording = false
```

```
@IBOutlet weak var button: WKInterfaceButton!

@IBAction func btnClicked() {
    recording = !recording
    if recording {
        button.setTitle("Stop recording")
    } else {
        button.setTitle("Start recording")
    }
}

override func awakeWithContext(context: AnyObject?) {
    super.awakeWithContext(context)

    // 여기서 인터페이스 오브젝트를 설정한다.
    button.setTitle("Start recording")
}
```

7. 아이폰 6 시뮬레이터에서 애플리케이션을 구동하고, 버튼을 클릭하면 타이틀이 토글되는지 확인한다(그림 4.2).

그림 4.2 버튼을 클릭하면 타이틀이 토글되는 모습

UI 현지화

앞에서 작성한 애플리케이션을 작성할 때 코드에 영어를 사용했다. 이렇게 하면 나중에 사용자가 아이폰 설정에서 한국어나 프랑스어 등으로 다른 언어로 변경하더라도 레이블과 버튼에 표시된 타이틀은 그대로 영어로 표시된다. 기왕이면 워치 애플리케이션의 UI가 아이폰에서 사용자가 설정한 언어로 표시된다면 사용자 경험을 더욱 향상시킬 수 있다.

1. 그림 4.3과 같이 엑스코드의 왼쪽 창에서 Localization 프로젝트를 선택하고, 오른쪽 화면의 PROJECT 아래에 있는 Localization 프로젝트를 선택한다. 그리고 오른쪽 화면의 하단에 있는 + 버튼을 클릭해서 현지화하려는 원하는 언어를 선택한다. 이번 예제에서는 Korean(ko)를 선택한다.

> **노트**
> 다른 언어로 예제를 실행시켜보려면, 메뉴에서 원하는 언어를 선택한다.

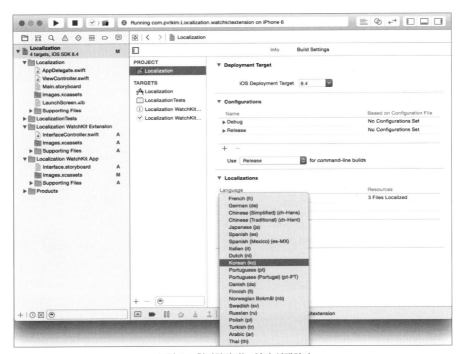

그림 4.3 현지화하려는 언어 선택하기

2. 그러면 그림 4.4와 같이 현지화할 파일을 선택하는 창이 뜬다. 디폴트로 지정된 항목을 선택하고 Finish를 클릭한다. 여기에서는 Main.storyboard(아이폰 앱), LaunchScreen.xib(아이폰 앱), Interface.storyboard(애플 워치 앱)이라는 세 가지 항목에 대해 현지화하도록 선택했다.

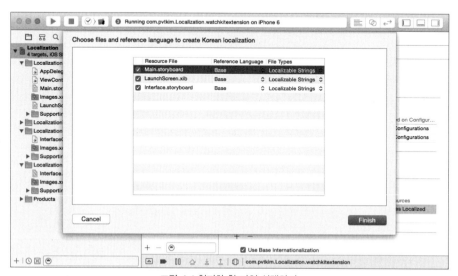

그림 4.4 현지화 할 파일 선택하기

3. 그러면 그림 4.5와 같이 프로젝트에 몇 가지 파일이 생성된다.

> **노트**
> 여기 나온 파일 중 일부는 선택한 언어에 따라 달라진다.

4. WatchKit app 그룹에 있는 Interface.strings (Korean) 파일을 선택하고, 레이블과 버튼의 타이틀이 키/값 쌍으로 담겨 있는지 확인한다(그림 4.6). 아이폰에서 언어를 한국어로 설정하면, 시스템에서 버튼과 레이블의 타이틀을 이 파일로부터 가져온다.

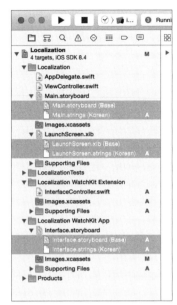

그림 4.5 현지화할 언어를 선택한 후 추가되는 파일

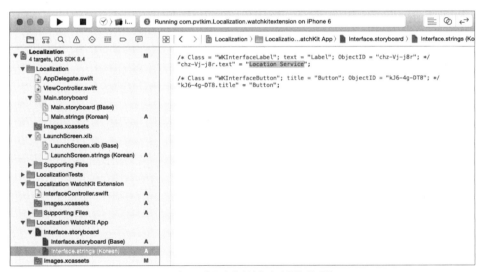

그림 4.6 애플리케이션에서 사용할 문자열

5. 파일을 다음과 같이 굵게 표시한 부분처럼 수정한다(chz-Vj-j8r이나 kJ6-4g-DT8 와 같은 이름은 엑스코드에서 내부적으로 생성한 것이기 때문에 건드리지 않는다).

```
/* Class = "WKInterfaceLabel"; text = "Location Service"; ObjectID =
"chz-Vj-j8r"; */
"chz-Vj-j8r.text" = "위치 서비스"

/* Class = "WKInterfaceButton"; title = "Button"; ObjectID = "kJ6-4g-
DT8"; */
"kJ6-4g-DT8.title" = "Button"
```

> **노트**
>
> 1단계에서 한국어가 아닌 다른 언어를 선택했다면, 위치 서비스(Location Service)에 해당하는 텍스트를 선택한 언어에 맞게 바꾼다. 가령 스페인어를 선택했다면, Servicio De Localizacion으로 변경하고, 노르웨이어로 지정했다면, Beliggenhet service로 바꾼다. 그리고 나서 6단계에서 해당 언어에 맞는 국가를 선택한다.

6. 아이폰 시뮬레이터의 홈 화면에서 Settings ➤ General ➤ Language & Region ➤ iPhone Language ➤ 한국어(Korean)를 선택한다(그림 4.7).

그림 4.7 아이폰의 언어 설정 바꾸기

7. Done을 클릭한다.

8. Change to Korean을 클릭하고, 아이폰 시뮬레이터를 다시 구동한다.

9. 엑스코드에서 다시 아이폰 6 시뮬레이터로 애플리케이션을 구동한 뒤, 애플 워치 애플리케이션의 레이블이 한국어로 표시되는지 확인한다(그림 4.8).

그림 4.8 레이블의 타이틀이 한국어로 바뀐 모습

> **노트**
>
> 익스텐션의 코드에서 버튼의 타이틀을 영어로 박아버렸기 때문에 설정을 바꿔도 여전히 영어로 표시된다. 다음 절에서 문자열을 현지화하는 방법을 소개할 때, 버튼의 타이틀을 바꿀 것이다.

현지화 가능한 문자열 제작

앞 절에서는 레이블만 현지화했다. 버튼의 타이틀은 코드에서 직접 지정했기 때문에 변경된 언어로 바뀌지 않았다.

```
button.setTitle("Start recording")
```

그렇다면 이렇게 지정한 문자열은 어떻게 현지화해야 할까? 한 가지 방법으로 코드에서 사용자가 선택한 언어를 알아내서, 타이틀을 변경하도록 작성할 수 있다.

```
let lang: String = NSLocale.preferredLanguages()[0] as! String
if lang == "en" {
    button.setTitle("Start recording")
} else {
    button.setTitle("녹음 시작")
}
```

그러나 이렇게 작성하면 코드가 지저분해지기 쉽다. 따라서 현지화할 수 있는 문자열localizable string을 만들어서, 선택한 언어에 맞는 문자열을 시스템에서 알아서 가져오도록 작성하는 것이 좋다.

1. 앞 절에서 만든 프로젝트의 익스텐션에 대고 마우스 오른쪽 버튼을 클릭한 뒤, New File...을 선택하면 그림 4.9와 같이 창이 뜬다. 여기서 왼쪽 화면의 iOS 카테고리에서 Resource를 선택하고, 오른쪽 화면에서 Strings File 템플릿을 선택한다.

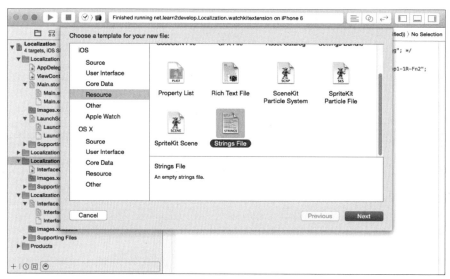

그림 4.9 프로젝트에 Strings File 추가하기

2. 파일 이름을 'Localizable'로 지정하고, Create를 클릭한다(그림 4.10).

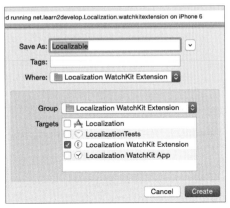

그림 4.10 파일 이름을 Localizable로 지정한다.

3. 그러면 익스텐션 프로젝트에 Localizable.strings라는 파일이 추가된다. 파일 인스펙터 창에서 이 파일을 선택하고, Localization 섹션 아래에 있는 Localize... 버튼을 클릭한다(그림 4.11).

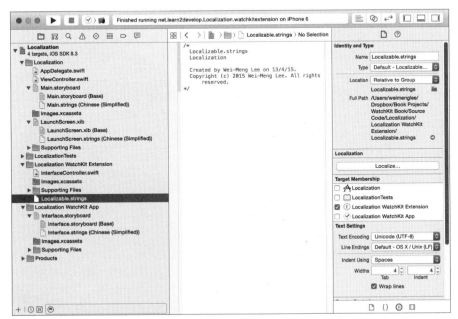

그림 4.11 Localizable.strings 파일이 프로젝트에 추가된 모습

4. 그러면 이 파일을 현지화할지를 묻는 창이 뜬다(그림 4.12). Localize를 클릭한다.

그림 4.12 현지화 할 언어 파일 선택하기

5. 그러면 파일 인스펙터 창에서 Localization 섹션 아래에 있는 Base 체크박스가 선택된 것을 볼 수 있다(그림 4.13). 아래에 있는 Korean 체크박스도 선택한다.

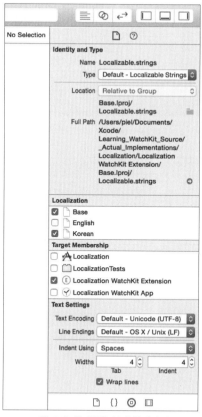

그림 4.13 현지화할 언어 추가하기

6. 그러면 그림 4.14와 같이 Localizable.strings 파일이 두 개 생긴 것을 볼 수 있다.

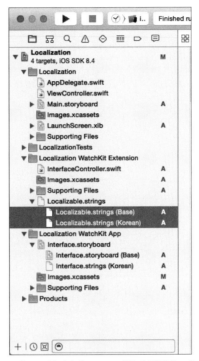

그림 4.14 언어마다 strings 파일이 생성된 모습

7. Localizable.strings (Base) 파일에 다음과 같은 문장을 추가한다.

```
"ButtonTitleStart" = "Start Recording";
"ButtonTitleStop" = "Stop Recording";
```

8. Localizable.strings (Korean) 파일에 다음과 같은 문장을 추가한다.

```
"ButtonTitleStart" = "녹음 시작";
"ButtonTitleStop" = "녹음 중단";
```

9. InterfaceController.swift 파일에 다음과 같이 굵게 표시한 문장을 추가한다.

```swift
import WatchKit
import Foundation

class InterfaceController: WKInterfaceController {
    var recording = false

    @IBOutlet weak var button: WKInterfaceButton!

    @IBAction func btnClicked() {
        recording = !recording
        /*
        if recording {
            button.setTitle("Stop recording")
        } else {
            button.setTitle("Start recording")
        }
        */
        let buttonTitle: String
        if recording {
            buttonTitle = NSLocalizedString("ButtonTitleStop",
                comment: "Localized Title for Stop Recording button")
        } else {
            buttonTitle= NSLocalizedString("ButtonTitleStart",
                comment: "Localized Title for Start Recording button")
        }
        button.setTitle(buttonTitle)
    }

    override func awakeWithContext(context: AnyObject?) {
        super.awakeWithContext(context)

        button.setTitle(NSLocalizedString("ButtonTitleStart",
                comment: "Localized Title for Start Recording button"))
    }
```

NSLocalizedString:comment: 메소드는 Localizable.strings 파일에서 정의한 키 값(ButtonTitleStop 또는 ButtonTitleStart)을 보고 현지화된 문자열을 리턴한다.

10. 아이폰 시뮬레이터로 애플리케이션을 구동하면, 그림 4.15와 같이 버튼의 타이틀이 한국어로 표시되는 것을 볼 수 있다.

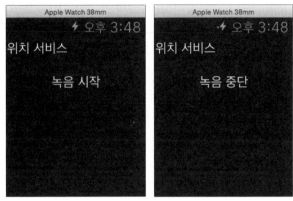

그림 4.15 버튼의 타이틀이 한국어로 표시된 모습

11. 아이폰 시뮬레이터의 설정을 다시 영어English로 변경하고, 애플리케이션을 다시 실행시켜보면, 애플 워치 시뮬레이터에서 버튼과 레이블의 타이틀이 영어로 표시된다.

> **노트**
>
> 아이폰 시뮬레이터의 언어 설정을 다시 영어로 되돌리는 가장 간단한 방법은, iOS Simulator 메뉴에서 Reset Content and Settings...를 선택하고, Reset을 선택하면 된다. 그러면 아이폰 시뮬레이터의 언어 설정이 영어(English)로 리셋된다.

데이트 컨트롤 사용법

지금까지 다양한 컨트롤을 살펴봤는데, 데이트Date라는 컨트롤에 대해서는 자세히 설명하지 않았다. 데이트 컨트롤은 현재 날짜와 시각을 표시하는 기능을 제공하며, 원하는 포맷으로 표시하도록 커스터마이즈할 수도 있다. 물론 사용자가 선택한 언어에 맞게 자동으로 현지화하도록 설정하는 것이 가장 좋다.

1. 앞에서 만든 프로젝트에서 그림 4.16과 같이 인터페이스 컨트롤러에 데이트 컨트롤을 추가한다.

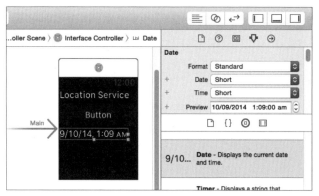

그림 4.16 인터페이스 컨트롤러에 데이트 컨트롤 추가하기

2. 애트리뷰트 인스펙터 창에서 Format 속성을 Custom으로 변경하고, 날짜와 시각을 화면에 표시할 포맷을 선택한다(그림 4.17).

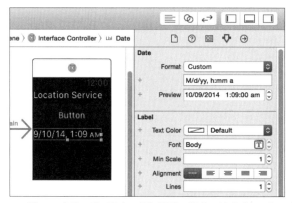

그림 4.17 데이트 컨트롤의 포맷을 원하는 형태로 설정하는 모습

3. 아이폰 시뮬레이터로 애플리케이션을 구동한 뒤, 아이폰 설정 언어를 영어와 한국어, 일본어 등으로 바꾸면 날짜와 시각이 어떻게 표시되는지 확인한다(그림 4.18).

그림 4.18 여러 언어로 데이트 컨트롤이 표시되는 모습

워치킷 앱과 익스텐션 통신

1장에서 설명한 바와 같이, 워치킷 익스텐션은 워치킷 앱이 구동되는 동안에만 실행되며, 백그라운드 실행은 지원하지 않는다. 따라서 처리하는 데 시간이 좀 걸리는 작업은 백그라운드 실행이 가능한 컨테이너 iOS 앱에 요청하는 방식으로 처리하는 것이 좋다.

이렇게 처리해야 하는 경우에 대한 예를 들면 다음과 같다.

- 애플리케이션에서 사용자의 위치 정보를 알아내야 하는 경우
- 애플리케이션에서 웹 서비스를 호출해야 하는 경우(날씨나 주식 정보 서비스를 활용하는 경우)

그럼 지금부터 각각의 경우에 대해 처리하는 방법에 대해 하나씩 살펴보자.

위치 정보 알아내기

현재 위치를 알려주는 애플 워치 애플리케이션을 작성하는 과정은 다음과 같다.

1. 엑스코드에서 'GetLocation'라는 이름으로 Single View Application 프로젝트를 생성한다.

2. 프로젝트에 WatchKit App 타깃을 추가한다. 워치킷 프로젝트를 가볍게 만들기 위해 Include Notification Scene 옵션을 해제한다.

3. Interface.storyboard 파일을 선택하여 스토리보드 편집창을 연다.

4. 스토리보드에 버튼 하나와 레이블 하나를 드래그 앤 드롭하고, 레이블의 Lines 속성을 0으로 지정한다(그림 4.19).

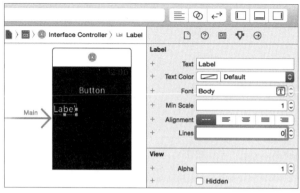

그림 4.19 인터페이스 컨트롤러에 버튼과 레이블 추가하기

5. 레이블에 대한 아웃렛 label과 버튼에 대한 액션 btnGetMyLocation을 생성한다. 그러면 InterfaceController.swift 파일에 다음과 같이 굵게 표시한 코드가 추가된다.

```
import WatchKit
import Foundation

class InterfaceController: WKInterfaceController {

    @IBOutlet weak var label: WKInterfaceLabel!

    @IBAction func btnGetMyLocation() {
    }
```

```
override func awakeWithContext(context: AnyObject?) {
    super.awakeWithContext(context)

    // 여기서 인터페이스 오브젝트를 설정한다.
}
```

6. InterfaceController.swift 파일에 다음과 같이 굵게 표시한 문장을 추가한다.

```
import WatchKit
import Foundation

class InterfaceController: WKInterfaceController {

    @IBOutlet weak var label: WKInterfaceLabel!

    @IBAction func btnGetMyLocation() {
        WKInterfaceController.openParentApplication([:]) {
            (replyDataFromPhone, error) -> Void in
        }
    }
}
```

코드를 보면 openParentApplication: 메소드를 통해 컨테이너 iOS 애플리케
이션을 호출했다. 이 때 첫 번째 인자로 컨테이너 iOS 애플리케이션으로 데이
터를 전달할 수 있다. 예제에서는 빈 딕셔너리([:])를 전달했다. iOS 앱이 실행된
후 리턴할 때, openParentApplication: 메소드의 응답으로 실행될 코드 블
록을 호출하며, 첫 번째 인자(replyDataFromPhone)에 실행 결과를, 두 번째 인자
(error)에 실행 중 발생한 에러를 전달한다. 예제에서는 iOS 앱에서 현재 위치
를 알아내서 익스텐션 프로젝트로 리턴하도록 작성할 것이다. iOS 앱에서 리턴
하는 데이터를 받는 코드는 뒤에서 추가할 것이다.

7. 엑스코드에서 현재 프로젝트 이름을 선택하고, **Build Phases** 탭을 클릭한다. 이
때 그림 4.20과 같이 **GetLocation** 타깃을 선택한다. **Link Binary With Libraries** 섹
션을 펼치고, **+** 버튼을 클릭한다.

4장_ iOS 앱 연결 **153**

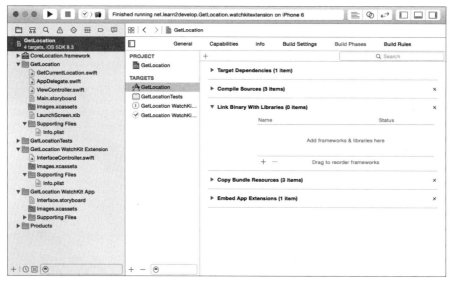

그림 4.20 프로젝트에 새로운 프레임워크를 추가한다

8. CoreLocation.framework를 선택하고 Add를 클릭한다(그림 4.21).

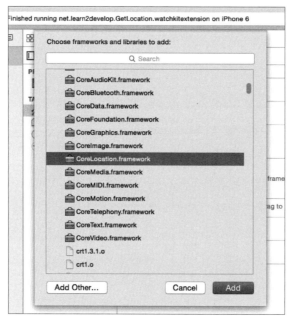

그림 4.21 프로젝트에 코어 로케이션 프레임워크를 추가한다

9. iOS 프로젝트에 새로운 스위프트 파일을 추가하고, 이름을 'GetCurrentLocation. swift'로 지정한다.

그림 4.22 프로젝트에 새로운 스위프트 파일을 추가한다

10. GetCurrentLocation.swift 파일을 다음과 같이 작성한다.

```
import Foundation
import CoreLocation

class GetCurrentLocation:NSObject, CLLocationManagerDelegate {
    var lm: CLLocationManager!

    //---알아낸 위치 정보와 에러가 발생할 경우 에러 정보를 전달 받아
    // 호출될 클로저---
    typealias LocationObtainedClosure = (
        (location: CLLocation?, error: NSError?)->()
    )
    var didCompleteHandler: LocationObtainedClosure!

    //---위치 정보를 알아낸 경우---
    func locationManager(manager: CLLocationManager!,
        didUpdateLocations locations: [AnyObject]!) {

        //---위치 정보를 알아내는 작업을 중단한다.
        lm.stopUpdatingLocation()

        //---가장 최근에 알아낸 위치 정보를 가져온다.---
        var currentLocation = locations.last as! CLLocation
```

```
        //---이 메소드를 호출한 측으로 위치 정보를 전달한다.---
        didCompleteHandler(location: currentLocation, error: nil)
        //---lm과 lm.delegate를 nil로 설정한다.
        lm.delegate = nil
        lm = nil
    }

    //---위치 정보를 알아내지 못한 경우---
    func locationManager(manager: CLLocationManager!,
        didFailWithError error: NSError!) {

        //---호출한 측으로 에러를 전달한다.---
        didCompleteHandler(location: nil, error: error)
    }

    //---호출한 측에서 이 함수를 호출하며,
    // 한 장소에 대한 위치 정보를 가져오는 클로저를 구현한다.---
    func getLocationWithCompletion(completion: LocationObtainedClosure)
    {
        didCompleteHandler = completion

        lm = CLLocationManager()
        lm.delegate = self
        lm.desiredAccuracy = 0
        lm.distanceFilter = 0
        lm.startUpdatingLocation()
    }
}
```

GetCurrentLocation 클래스를 정의한 이유는 다음과 같다.

- 현재 위치를 알아낼 때 CLLocationManager를 사용하기 위해
- 이 클래스의 사용자가 CLLocationManager에 대한 델리게이트를 구현하지 않고도 현재 위치에 대한 정보를 알아내는 메소드를 제공하기 위해
- 클로저를 통해 위치 정보를 리턴하기 위해
- 위치 정보를 얻은 뒤에 CLLocationManager에서 더 이상 위치 정보를 모니터링하지 않도록 하기 위해

11. AppDelegate.swift 파일에 다음과 같이 굵게 표시한 문장을 추가한다.

```swift
import UIKit
import CoreLocation

@UIApplicationMain
class AppDelegate: UIResponder, UIApplicationDelegate {

    var window: UIWindow?

    var manager: GetCurrentLocation!
    var backgroundTaskIdentifier:UIBackgroundTaskIdentifier!

    func application(application: UIApplication,
        handleWatchKitExtensionRequest userInfo: [NSObject : AnyObject]?,
        reply: (([NSObject : AnyObject]!) -> Void)!) {
        backgroundTaskIdentifier =
            application.beginBackgroundTaskWithName("GetMyLocation",
                expirationHandler: { () -> Void in
                //---이 핸들러는 10분 뒤에 호출된다.---
                // 정리 작업을 위해 현재 작업을 잠시 멈춘다.
                if self.backgroundTaskIdentifier !=
                    UIBackgroundTaskInvalid
                {
                    application.endBackgroundTask(
                        self.backgroundTaskIdentifier)
                    self.backgroundTaskIdentifier =
                        UIBackgroundTaskInvalid
                }
            })

        //---현재 위치 정보를 가져온다.---
        manager = GetCurrentLocation()

        manager.getLocationWithCompletion {
            (location, error) -> () in
            if location != nil {
                var lat = "\(location!.coordinate.latitude)"
                var lng = "\(location!.coordinate.longitude)"
                var dataToWatch = [
                    "lat" : lat,
                    "lng" : lng
```

```
            ]
            reply(dataToWatch)
        } else {
            reply(nil)
        }
    }
    //---백그라운드 작업이 끝났다.---
    application.endBackgroundTask(backgroundTaskIdentifier)
    backgroundTaskIdentifier = UIBackgroundTaskInvalid
}

func application(application: UIApplication,
    didFinishLaunchingWithOptions launchOptions:
    [NSObject: AnyObject]?) -> Bool {
    // 애플리케이션이 구동된 후에 별도로 처리할 작업을
    // 여기에 정의한다.
    return true
}
```

이 코드에서는 다음과 같은 작업을 처리했다.

- application:handleWatchKitExtensionRequest:reply: 메소드를 구현
  했다. 이 메소드는 익스텐션에서 openParentApplication: 메소드를 호출할
  때마다 호출된다.
- 워치로부터 전달된 데이터는 userInfo 인자에서 확인할 수 있다. 예제에서는
  iOS 앱으로 빈 딕셔너리를 보내도록 작성했다.
- application:handleWatchKitExtensionRequest:reply: 메소드는 iOS
  앱이 백그라운드에서 실행될 때 호출되므로, 익스텐션 프로젝트로 다시 응답
  을 보내기 전에 앱이 멈추지 않도록 beginBackgroundTaskWithName:expir
  ationHandler: 메소드를 호출한다.
- GetCurrentLocation 클래스의 인스턴스를 생성하고, 이 인스턴스의
  getLocationWithCompletion: 메소드를 호출하여 사용자의 현재 위치를 알
  아낸다.

- GetCurrentLocation 클래스로부터 알아낸 위치 정보는 클로저로 리턴된다. 현재 위치를 알아내는 코드에서 핵심은 이 부분에 있다. application:handl eWatchKitExtensionRequest:reply: 메소드 안에서 위치 정보를 리턴해야 하기 때문에, 이렇게 작성했다.

- dataToWatch라는 이름의 딕셔너리를 생성해서 lat과 lng라는 키워드로 위도와 경도 정보를 리턴했다.

12. iOS 앱의 Info.plist 파일에서 'NSLocationAlwaysUsageDescription'이라는 이름의 키를 새로 추가하고, 이 키의 값을 Obtain your location when the app is in the background로 지정한다(그림 4.23).

그림 4.23 Info.plist 파일에 키 새로 추가하기

13. ViewController.swift 파일에 다음과 같이 굵게 표시한 문장을 추가한다.

```
import UIKit
import CoreLocation

class ViewController: UIViewController {

    var lm: CLLocationManager!

    override func viewDidLoad() {
        super.viewDidLoad()
        // 보통 nib에서 로드한 뷰에 관한 설정을 여기서 마무리한다.
```

```
        //---백그라운드에서 위치 서비스를 실행할 수 있게 사용자의 승인을 요청한다.---
        lm = CLLocationManager()
        lm.requestAlwaysAuthorization()
    }

    override func didReceiveMemoryWarning() {
        super.didReceiveMemoryWarning()
        // 다시 생성할 수 있는 리소스는 삭제한다.
    }
}
```

애플리케이션이 백그라운드에서 사용자의 위치 정보를 가져오려면 먼저 접근
허가를 받아야 한다. 그렇지 않으면 CLLocationManager를 통해 위치 정보를
가져올 수 없다. 이 작업은 사용자가 iOS 애플리케이션을 설치한 후 최초로 구
동할 때 처리해야 한다.

14. 다시 InterfaceController.swift 파일로 돌아와서, 다음과 같이 굵게 표시한 문
장을 추가한다.

```
@IBAction func btnGetMyLocation() {
    WKInterfaceController.openParentApplication([:]) {
        (replyDataFromPhone, error) -> Void in

        if replyDataFromPhone != nil {
            var location = replyDataFromPhone as NSDictionary
            var lat = location["lat"] as? String
            var lng = location["lng"] as? String
            var s = "Location is: \(lat!),\(lng!)"
            self.label.setText(s)
        } else {
            self.label.setText("Can't get location")
        }
    }
}

override func awakeWithContext(context: AnyObject?) {
    super.awakeWithContext(context)

    // 여기서 인터페이스 오브젝트를 설정한다.
    label.setText("")
}
```

코드를 보면 iOS 앱은 replayDataFromPhone라는 딕셔너리 타입의 인자를 통해 위치 정보를 리턴한다. 그래서 lat과 lng 키를 통해 좌표 값을 가져와서 레이블 컨트롤에 표시한다.

15. 예제를 테스트하려면 먼저 아이폰 시뮬레이터에서 iOS 애플리케이션을 구동해야 한다. 그림 4.2와 같이 GetLocation 스킴을 선택해서 예제를 아이폰 시뮬레이터에서 실행시킨다.

그림 4.24 GetLocation 스킴 선택하기

16. 그러면 아이폰 시뮬레이터에, 앱을 사용하지 않는 동안에도 앱에서 현재 위치 정보에 접근해도 되는지 물어보는 창이 뜬다. Allow를 클릭한다(그림 4.25).

그림 4.25 애플리케이션이 백그라운드에서 위치 정보에 접근하려면 사용자로부터 허가를 받아야 한다

17. 엑스코드에서 GetLocation WatckKit App 스킴을 선택하여 애플리케이션을 구동한다(그림 4.26).

그림 4.26 WatchKit App 스킴으로 변경하기

18. 아이폰 시뮬레이터에서 Debug > Location > Freeway Drive 메뉴를 선택하여, 가상의 위치를 아이폰 시뮬레이터로 전달하게 한다. 애플 워치 시뮬레이터에서 Get My Location 버튼을 클릭하면, 잠시 후 그림 4.27과 같이 위치 정보가 뜨는 것을 볼 수 있다.

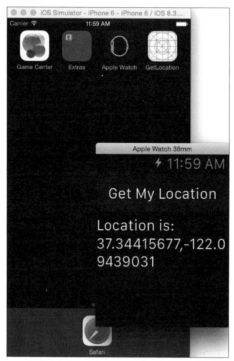

그림 4.27 애플 워치에 현재 위치 표시되는 모습

지도 표시

현재 위치를 알려줄 때 위도와 경도 좌표만 표시하면 사용자가 이해하기 어렵다. 기왕이면 사용자가 현재 있는 지점을 지도를 통해 시각적으로 표시해주는 것이 훨씬 보기 좋다. 워치킷에서 맵Map 컨트롤을 사용하면, 이렇게 지도를 화면에 표시할 수 있다.

> **노트**
> 현재 워치킷에서는 동적 맵은 지원하지 않고 있다. 따라서 실시간으로 지도를 회전시킬 수는 없다.

1. Interface.storyboard 파일의 인터페이스 컨트롤러에 맵 컨트롤을 추가한다(그림 4.28).

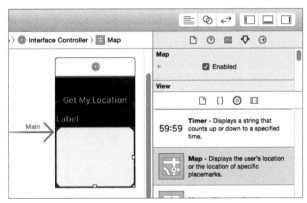

그림 4.28 인터페이스 컨트롤러에 맵 컨트롤 추가하기

2. 맵 컨트롤에 대한 아웃렛 map을 생성한다. 그러면 InterfaceController.swift 파일에 다음과 같이 굵게 표시한 코드가 추가된다.

```
import WatchKit
import Foundation

class InterfaceController: WKInterfaceController {

    @IBOutlet weak var label: WKInterfaceLabel!
    @IBOutlet weak var map: WKInterfaceMap!
```

3. InterfaceController.swift 파일에 다음과 같이 굵게 표시한 코드를 추가한다.

```
@IBAction func btnGetMyLocation() {
    WKInterfaceController.openParentApplication([:]){
        (replyDataFromPhone, error) -> Void in

        if replyDataFromPhone != nil {
            var location = replyDataFromPhone as NSDictionary
            var lat = location["lat"] as? String
            var lng = location["lng"] as? String
            var s = "Location is: \(lat!),\(lng!)"
            // self.label.setText(s)

            let loc = CLLocationCoordinate2D(
                latitude: (lat! as NSString).doubleValue,
                longitude: (lng! as NSString).doubleValue)

            let corrdinateSpan = MKCoordinateSpan(
                latitudeDelta: 0.010, longitudeDelta: 0.010)

            self.map.setHidden(false)
            self.map.addAnnotation(loc, withPinColor: .Purple)
            self.map.setRegion(MKCoordinateRegion(
                center: loc, span: coordinateSpan))
        } else {
            self.label.setText("Can't get location")
        }
    }
}

override func awakeWithContext(context: AnyObject?) {
    super.awakeWithContext(context)

    // 여기서 인터페이스 오브젝트를 설정한다.
    label.setText("")
    map.setHidden(true)
}
```

4. 아이폰 시뮬레이터와 애플 워치 시뮬레이터로 애플리케이션을 구동하고, Get My Location 버튼을 클릭한다(그림 4.29). 그러면 지도를 통해 (아이폰 시뮬레이터를 통해 전달된) 현재 위치가 표시되는 것을 볼 수 있다.

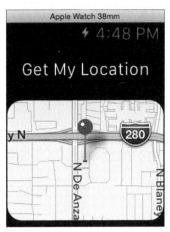

그림 4.29 맵 컨트롤을 통해 현재 위치를 표시하는 모습

웹 서비스 호출

또 다른 예로 웹 서비스를 호출하는 경우를 들 수 있다. 이번에는 사용자가 버튼을 탭 해서 날씨 정보를 제공하는 웹 서비스에 접속하여 현재 날씨를 알아내는 기능을 만들어보자.

1. 엑스코드에서 'WebServices'라는 이름으로 Single View Application 프로젝트를 생성한다.

2. 프로젝트에 WatchKit App 타깃을 추가한다.

3. Interface.storyboard 파일을 선택하여 스토리보드 편집창을 연다.

4. 스토리보드에 버튼 하나와 레이블 하나를 드래그 앤 드롭하고, 레이블의 Lines 속성을 0으로 지정한다(그림 4.30).

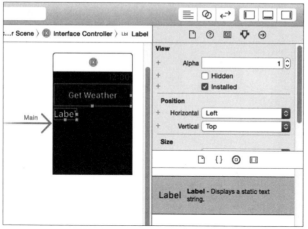

그림 4.30 인터페이스 컨트롤러에 버튼과 레이블 추가하기

5. 레이블에 대한 아웃렛 label과 버튼에 대한 액션 btnGetWeather를 생성한다.
그러면 InterfaceController.swift 파일에 다음과 같이 굵게 표시된 코드가 추
가된다.

```swift
import WatchKit
import Foundation

class InterfaceController: WKInterfaceController {

    @IBOutlet weak var label: WKInterfaceLabel!

    @IBAction func btnGetWeather() {
    }

    override func awakeWithContext(context: AnyObject?) {
        super.awakeWithContext(context)

        // 여기서 인터페이스 오브젝트를 설정한다.
    }
```

6. InterfaceController.swift 파일에 다음과 같이 굵게 표시된 코드를 추가한다.

```
import WatchKit
import Foundation

class InterfaceController: WKInterfaceController {

    @IBOutlet weak var label: WKInterfaceLabel!

    @IBAction func btnGetWeather() {
        //---iOS 앱으로 국가 정보를 전달한다.---
        var country = "SINGAPORE"
        let dataToPhone = [
            "country" : country,
        ]

        WKInterfaceController.openParentApplication(dataToPhone) {
            (replyDataFromPhone, error) -> Void in
            if replyDataFromPhone != nil {
                //---iOS 앱으로부터 리턴된 결과에서 온도 정보를 가져온다.
                var temperature = replyDataFromPhone["temp"] as! Double
                var temperatureStr = String(format:"%.2f", temperature)
                self.label.setText("Temperature in " + country +
                    " is \(temperatureStr) Degrees Celsius")
            } else {
                self.label.setText("Error")
            }
        }
    }

    override func awakeWithContext(context: AnyObject?) {
        super.awakeWithContext(context)

        // 여기서 인터페이스 오브젝트를 설정한다.
        label.setText("")
    }
```

이 코드에서는 다음과 같은 작업을 처리했다.

▪ dataToPhone이라는 이름의 딕셔너리를 생성하고, country라는 이름의 키에
대해 값을 SINGAPORE로 지정했다.

- openParentApplication: 메소드를 호출하여 dataToPhone 딕셔너리를 컨테이너 iOS 앱으로 전달했다. iOS 앱이 리턴되면, openParentApplication: 메소드의 응답으로 실행되는 코드 블록을 호출하는데, 이 때 첫 번째 인자 (replyDataFromPhone)에 결과가 담겨 있고, 이 과정에서 발생한 에러가 있다면 두 번째 인자(error)에 에러 정보가 담긴다.

- 해당 국가에 대한 온도 정보는 replyDataFromPhone 딕셔너리를 통해 전달되며, 이 때 키 값은 temp이며, 값은 레이블 컨트롤에 표시된다.

7. iOS 프로젝트의 AppDelegate.swift 파일에 다음과 같이 굵게 표시한 코드를 추가한다.

```swift
import UIKit

@UIApplicationMain
class AppDelegate: UIResponder, UIApplicationDelegate {

    var window: UIWindow?
    var taskID: UIBackgroundTaskIdentifier!

    //---JSON 문자열을 파싱한다.---
    func parseJSONData(data: NSData) -> Double {
        var error: NSError?
        var parsedJSONData =NSJSONSerialization.JSONObjectWithData(data,
            options: NSJSONReadingOptions.allZeros,
            error: &error) as! NSDictionary

        var main = parsedJSONData["main"] as! NSDictionary

        //---화씨(K) 단위로 표시된 온도---
        var temp = main["temp"] as! Double

        //---온도 값을 섭씨로 변환한다.---
        return temp - 273;
    }

    func application(application: UIApplication,
        handleWatchKitExtensionRequest userInfo: [NSObject: AnyObject?,
        reply: (([NSObject: AnyObject]!) -> Void)!) {
```

```swift
//---익스텐션에서 받은 데이터를 딕셔너리로 변환한다.---
var dataFromPhone = userInfo! as NSDictionary

//---웹 서비스의 URL---
var urlString = "http://api.openweathermap.org/data/2.5/
    weather?q=" + (dataFromPhone["country"] as! String)
    .stringByAddingPercentEncodingWithAllowedCharacters
    (.URLHostAllowedCharacterSet())!
var session = NSURLSession.sharedSession()

//---만료 시간을 지정하고 백그라운드 작업을 시작한다.---
taskID = application.beginBackgroundTaskWithName(
    "backgroundTask",
    expirationHandler: { () -> Void in
    if self.taskID != UIBackgroundTaskInvalid {
        application.endBackgroundTask(self.taskID)
        self.taskID = UIBackgroundTaskInvalid
    }
})

session.dataTaskWithURL(NSURL(string:urlString)!,
    completionHandler: {
    (data, response, error) -> Void in

    var httpResp = response as! NSHTTPURLResponse
    if error == nil && httpResp.statusCode == 200 {
        var result = NSString(bytes: data.bytes,
            length: data.length, encoding: NSUTF8StringEncoding)

        //---JSON으로 전달된 결과를 파싱한다.---
        var temp = self.parseJSONData(data)

        //---온도 값을 다시 익스텐션으로 전달한다.---
        var dataToWatch = [
            "temp" : temp
        ]
        reply(dataToWatch)
    } else {
        reply([:])
    }

    //---백그라운드 작업을 끝낸다.---
    application.endBackgroundTask(self.taskID)
    self.taskID = UIBackgroundTaskInvalid
}).resume()
}
```

이 코드에서는 다음과 같은 작업을 처리했다.

- `applicatoin:handleWatchKitExtensionRequest:reply:` 메소드를 구현했다. 이 메소드는 익스텐션에서 `openParentApplication:` 메소드를 호출할 때마다 호출된다.

- 워치에서 전달한 데이터는 `userInfo` 인자를 통해 가져올 수 있다. 따라서 날씨를 알아낼 국가 정보는 `userInfo` 딕셔너리에 `country` 키로 알아낸다.

- `NSURLSession` 클래스로 웹 서비스에 연결해서, 지정한 국가의 날씨 정보를 알아냈다. 웹 서비스는 결과를 JSON 포맷으로 리턴하므로, `parseJSONData:`라는 메소드를 정의하여 온도 정보를 추출했다.

- `dataToWatch`라는 이름으로 딕셔너리를 만들어서, 온도 정보(키 값은 `temp`)를 리턴했다.

8. 아이폰 시뮬레이터로 애플리케이션을 구동하고, 애플 워치 시뮬레이터에서 **Get Weather** 버튼을 클릭하면 그림 4.31과 같이 결과가 표시되는 것을 확인할 수 있다.

그림 4.31 워치 애플리케이션에서 온도 정보를 표시하는 모습

데이터 공유

지금까지 다음과 같은 작업을 처리하는 방법에 대해 알아봤다.

- 익스텐션에서 컨테이너 iOS 앱으로 데이터를 전달하기
- iOS 앱의 백그라운드에서 웹 서비스 호출하기
- 데이터를 다시 익스텐션으로 보내기

이러한 작업 외에도 아직 더 구현해야 할 기능이 많이 남았다. 일단 날씨를 알아낼 국가 정보가 익스텐션 프로젝트의 코드에 박혀 있다. 기왕이면 컨테이너 iOS 앱에서 목록을 보여주면 사용자가 원하는 국가를 선택하는 방식으로 구현하면 더 좋을 것이다. 이를 위해 NSUserDefaults 클래스로 iOS 앱에서 데이터를 저장한 뒤, 익스텐션 프로젝트에서 이 데이터를 사용하도록 만들 것이다. 지금부터 하나씩 구현해보자.

공유 앱 그룹 생성

iOS 앱을 개발할 때, 흔히 NSUserDefaults 클래스를 사용하여 키/값 쌍의 형태로 데이터를 구성하여 영속성을 유지한다. 애플 워치 애플리케이션을 개발할 때도 이와 같은 방식을 사용할 수 있다. 단, 다음과 같은 점에 주의해야 한다.

- iOS 앱에서 NSUserDefaults 클래스로 저장한 데이터는 익스텐션 프로젝트에서 볼 수 없다. 마찬가지로 익스텐션에서 저장한 데이터를 iOS에서 볼 수 없다. 각 앱에 저장한 데이터는 별도의 컨테이너에 저장되기 때문에, 다른 앱의 컨테이너에 담긴 데이터에 접근할 수 없다.
- 양쪽 앱에서 같은 데이터에 접근하도록 만들려면, 공유 앱 그룹shared app group이라는 공유 컨테이너를 생성해야 한다.
- 이러한 공유 앱 그룹에 저장된 데이터는 컨테이너 iOS 앱과 익스텐션 프로젝트 양쪽에서 접근할 수 있다.

이번 예제에서는 공유 앱 그룹을 생성하여, 워치 앱과 컨테이너 iOS 앱이 서로 데이터를 공유하는 방법에 대해 살펴본다.

1. 이번 예제는 앞 절에서 만든 프로젝트를 계속 사용한다. 엑스코드에서 프로젝트 이름을 선택하고 WebServices라는 타깃을 선택한다(그림 4.32). Capabilities 탭을 선택하고, App Groups 항목으로 가서, 스위치를 ON으로 전환한다.

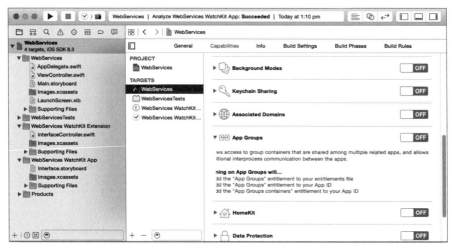

그림 4.32 앱 그룹 기능 켜기

2. App Groups을 사용하려면 먼저 애플 개발자 프로그램Apple Developer Program(iOS 개발자 프로그램)에 가입되어 있어야 한다. Add...를 클릭하고, 애플 ID를 입력한다(그림 4.33).

그림 4.33 애플 ID 계정 추가하기

3. 애플 ID와 패스워드를 입력한 뒤, **Add**를 클릭한다(그림 4.34).

그림 4.34 애플 ID와 패스워드 입력하는 화면

4. 제대로 로그인했다면, 개발팀을 선택하고 **Choose**를 클릭한다(그림 4.35).

그림 4.35 프로비저닝에 사용할 개발 팀을 선택하는 화면

5. 다른 프로젝트에서 앱 그룹을 생성한 적이 있다면 App Groups 섹션을 보면 기
존에 생성된 앱 그룹도 표시될 것이다. + 버튼을 클릭해서 새로운 앱 그룹을 추
가한다(그림 4.36).

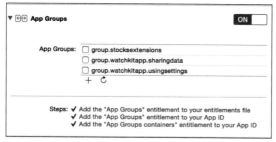

그림 4.36 새로운 앱 그룹 추가하기

6. 컨테이너 이름은 "group."으로 시작한다. 예제에서는 'group.learningwatchkit.webservices.app'이라는 고유한 이름을 사용한다(그림 4.37).

그림 4.37 새로운 컨테이너 이름 지정하기

> **노트**
> 새로운 컨테이너 이름은 고유한 값으로 지정해야 한다.

7. 그러면 새로 추가된 앱 그룹이 App Groups 섹션에 나타난다(그림 4.38).

그림 4.38 새로 추가된 앱 그룹이 표시된 모습

8. 마찬가지로 WebServices WatchKit Extension 타깃에 대해서도 앱 그룹 기능을 켠
   다(그림 4.39).

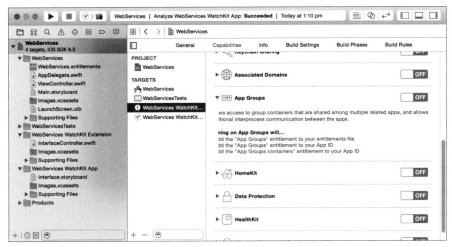

그림 4.39 익스텐션 타깃에 대해 앱 그룹 기능 켜기

9. 그러면 생성한 앱 그룹이 다음과 같이 나타난다. 이 항목을 체크한다(그림 4.40).

그림 4.40 앞서 생성한 앱 그룹이 표시된 모습

공유 컨테이너에 데이터 저장

이제 생성한 앱 그룹에 데이터를 저장해보자.

1. 컨테이너 iOS 앱의 Main.storyboard 파일을 열고 View Controller 안의 View에 다음 뷰를 추가한다(그림 4.41).

   - 레이블Label
   - 피커 뷰Picker View

그림 4.41 뷰 컨트롤러 채우기

2. Picker 뷰에 대한 `pickerContries` 아웃렛을 생성하면, ViewController.swift 파일에 다음과 같이 굵게 표시한 문장이 추가된 것을 볼 수 있다.

```
import UIKit

class ViewController: UIViewController {

    @IBOutlet weak var pickerCountries: UIPickerView!

    override func viewDidLoad() {
        super.viewDidLoad()
        // 뷰를 로드한 후에 추가로 설정할 작업을 여기서 처리한다.
```

```
        // typically from a nib.

    override func didReceiveMemoryWarning() {
        super.didReceiveMemoryWarning()
        // 다시 생성할 수 있는 리소스는 모두 제거한다.
    }
}
```

3. ViewController.swift 파일에 다음과 같이 굵게 표시한 문장을 추가한다.

```
import UIKit

class ViewController: UIViewController,
    UIPickerViewDataSource, UIPickerViewDelegate {

    @IBOutlet weak var pickerCountries: UIPickerView!

    var countries: [String]!

    override func viewDidLoad() {
        super.viewDidLoad()
        // 보통 nib에서 로드한 뷰에 관한 설정을 여기서 마무리한다.
        countries = [
            "Singapore", "Norway", "Japan", "Thailand", "Hong Kong"]
        self.pickerCountries.delegate = self
        self.pickerCountries.dataSource = self
    }

    func numberOfComponentsInPickerView(
            pickerView: UIPickerView) -> Int {
        return 1
    }

    func pickerView(pickerView: UIPickerView,
            numberOfRowsInComponent component: int) -> Int {
        return countries.count
    }

    func pickerView(pickerView: UIPickerView, titleForRow row: Int,
            forComponent component: Int) -> String! {
        return countries[row]
    }
```

```
func pickerView(pickerView: UIPickerView, didSelectRow row: Int,
    inComponent component: Int) {

    //---"group.learningwatchkit.webservices.app" 대신
    // 앞에서 추가한 앱 그룹에 해당하는 문자열을 지정한다.
    var defaults = NSUserDefaults(
        suiteName: "group.learningwatchkit.webservices.app")
    defaults?.setObject(countries[row], forKey: "country")
    defaults?.synchronize()
}

override func didReceiveMemoryWarning() {
    super.didReceiveMemoryWarning()
    // 다시 생성할 수 있는 리소스는 모두 제거한다.
}
}
```

여기에서는 피커 뷰에 국가 목록을 추가했다. 사용자가 국가를 선택하면, 해당 국가 정보가 NSUserDefaults 클래스를 이용하여 저장된다. NSUserDefaults 클래스의 생성자initializer는 앞 절에서 만든 공유 앱 그룹의 이름(group. learningwatchkit.webservices.app)을 인자로 받는다.

> **노트**
>
> 여기서 반드시 "group.learningwatchkit.webservices.app"을 타깃의 Capabilities > App Groups에 추가한 앱 그룹의 이름으로 바꿔줘야 한다.

4. 엑스코드에서 WebServices 스킴을 선택하고, 아이폰 시뮬레이터에서 예제를 실행시킨다(그림 4.42).

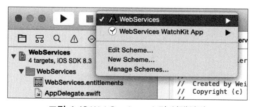

그림 4.42 WebServices 스킴 선택하기

5. 아이폰 시뮬레이터의 피커 뷰에서 국가를 선택한다(그림 4.43). 그러면 공유 앱 그룹 컨테이너에 선택한 국가가 저장된다.

그림 4.43 아이폰 시뮬레이터에서 국가 선택하는 모습

공유 컨테이너에서 데이터 가져오기

이제 iOS 앱의 공유 컨테이너에 데이터를 저장하는 기능을 구현했으니, 이번에는 익스텐션 프로젝트에 저장된 데이터를 가져오는 부분을 만들어보자.

1. InterfaceController.swift 파일에 다음과 같이 굵게 표시한 문장을 추가한다.

```
import WatchKit
import Foundation

class InterfaceController: WKInterfaceController {

    @IBOutlet weak var label: WKInterfaceLabel!

    @IBAction func btnGetWeather() {

        //---"group.learningwatchkit.webservices.app" 대신
        // 앞에서 생성한 문자열을 지정한다.
        var defaults = NSUserDefaults(
            suiteName: "group.learningwatchkit.webservices.app")
```

```
//---iOS 앱으로 국가 정보를 전달한다.---
var country = defaults?.objectForKey("country") as! String
let dataToPhone = [
    "country" : country,
]

WKInterfaceController.openParentApplication(dataToPhone) {
    (replyDataFromPhone, error) -> Void in
    if replyDataFromPhone != nil {
        //---iOS 앱으로부터 리턴된 결과에서 온도 정보를 가져온다.
        var temperature = replyDataFromPhone["temp"] as! Double
        var temperatureStr = String(format:"%.2f", temperature)
        self.label.setText("Temperature in " + country +
            " is \(temperatureStr) Degrees Celsius")
    } else {
        self.label.setText("Error")
    }
}
}
```

2. 아이폰 시뮬레이터로 애플리케이션을 구동하고, Get Weather 버튼을 클릭하면, 선택한 국가의 날씨를 보여주는 것을 확인할 수 있다(그림 4.44).

그림 4.44 아이폰 시뮬레이터에서 선택한 국가의 날씨를 보여주는 워치 앱 실행 화면

워치킷 설정 사용법

이제 꽤 많은 기능을 구현했다. 사용자가 iOS 앱에서 국가를 선택하면, 워치 앱에서 해당 국가의 날씨를 표시해주는 기능도 추가했다. 기왕이면 iOS 앱을 로드하지 않고도 국가를 변경할 수 있으면 더 좋을 것이다. NSUserDefaults 클래스로 저장한 앱 그룹 데이터를 설정Settings 애플리케이션에서 접근할 수 있도록 구현할 수 있다. 이번에는 워치킷을 사용하여 아이폰의 기본 애플리케이션인 애플 워치 설정을 통해 앱 그룹 데이터에 접근하는 예제를 만들어보자.

1. 앞에서 만든 WebServices 프로젝트에서, 프로젝트 이름에 대고 마우스 오른쪽 버튼을 클릭한 뒤, New File...을 선택한다(그림 4.45).

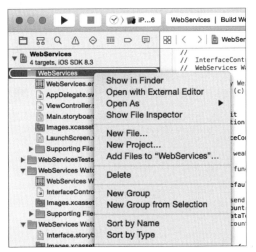

그림 4.45 WebServices 프로젝트에 새 파일 추가하기

2. iOS 카테고리에서 Apple Watch를 선택하고, WatchKit Settings Bundle을 선택한다 (그림 4.46).

그림 4.46 WatchKit Settings Bundle 선택하기

3. 디폴트로 지정된 이름Settings-Watch을 선택하고, **Create** 버튼을 클릭한다(그림 4.47).

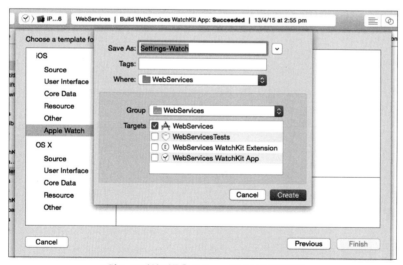

그림 4.47 파일 이름을 Settings-Watch로 지정한다

4. 그러면 그림 4.48과 같이 프로젝트에 Settings-Watch.bundle이라는 파일이 추가된다. 이 항목을 펼쳐서 Root.plist 파일을 클릭한다. Preference Items를 펼치면 Item 0부터 시작하는 네 개의 항목을 볼 수 있다. 각 항목을 선택하고 delete 키를 눌러 네 항목을 모두 지운다.

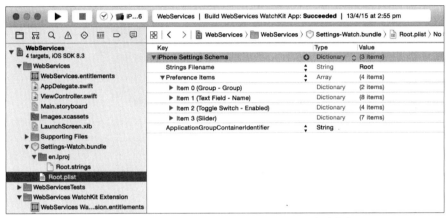

그림 4.48 Root.plist 파일의 Preference Items에 담긴 네 개의 항목

5. Root.plist 파일에 그림 4.49와 같이 항목을 추가한다. 그리고 ApplicationGroup ContainerIdentifier 키의 값을 group.learningwatchkit.webservices.app으로 지정한다.

> **노트**
>
> 여기서 반드시 'group.learningwatchkit.webservices.app'을 타깃의 Capabilities > App Groups에 추가한 앱 그룹의 이름으로 바꿔줘야 한다.

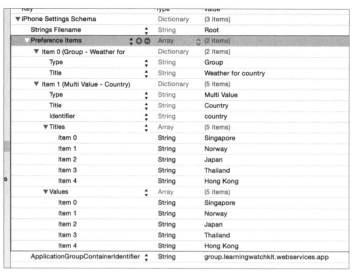

Key	Type	Value
▼ iPhone Settings Schema	Dictionary	(3 items)
Strings Filename	String	Root
▼ Preference Items	Array	(2 items)
▼ Item 0 (Group - Weather for	Dictionary	(2 items)
Type	String	Group
Title	String	Weather for country
▼ Item 1 (Multi Value - Country)	Dictionary	(5 items)
Type	String	Multi Value
Title	String	Country
Identifier	String	country
▼ Titles	Array	(5 items)
Item 0	String	Singapore
Item 1	String	Norway
Item 2	String	Japan
Item 3	String	Thailand
Item 4	String	Hong Kong
▼ Values	Array	(5 items)
Item 0	String	Singapore
Item 1	String	Norway
Item 2	String	Japan
Item 3	String	Thailand
Item 4	String	Hong Kong
ApplicationGroupContainerIdentifier	String	group.learningwatchkit.webservices.app

그림 4.49 Root.plist 파일에 새로운 항목 추가하기

6. 아이폰 시뮬레이터로 애플리케이션을 구동한 뒤에 피커 뷰에서 적당한 국가를
   선택하고, Hardware ➤ Home 메뉴를 선택해서 홈 화면으로 돌아온다. 그런 다음
   애플 워치 애플리케이션을 찾아서 실행한다(그림 4.50).

그림 4.50 아이폰 시뮬레이터에서 애플 워치 애플리케이션 찾기

7. 그러면 그림 4.51의 왼쪽 화면과 같이 WatchKitSettings 페이지의 목록에
   WebServices 앱이 나타나는 것을 확인할 수 있다. WebServices 항목을 클릭하
   면, 현재 선택된 국가 정보가 표시된다(그림 4.51의 가운데 화면). 여기서 Country를
   클릭하면 다른 국가를 선택하는 화면이 나타난다(그림 4.51의 오른쪽 그림).

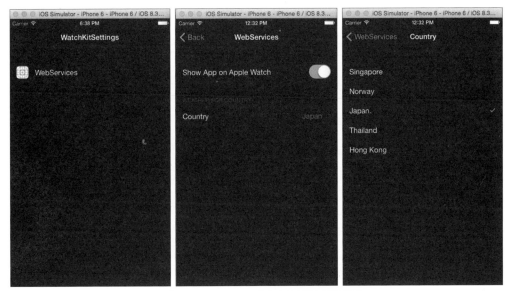

그림 4.51 WebServices 애플리케이션의 설정 화면

8. 이 화면에서 다른 국가를 선택하고, 워치 애플리케이션에서 **Get Weather** 버튼을 클릭하면, 해당 국가의 날씨 정보를 가져오게 된다.

파일 공유

지금까지 공유한 데이터는 모두 `NSUserDefaults` 타입의 키/값 쌍으로 표현했다. 이러한 방식 대신, 워치 앱과 컨테이너 iOS 앱끼리 파일을 공유하는 경우도 많다. 이번 예제에서는 이렇게 파일을 공유하는 방법에 대해 살펴본다. 좀 더 구체적으로 설명하면, 사용자가 iOS 앱에서 국가를 지정하면, 애플리케이션에서 해당 국가에 대한 국기를 다운로드하고, 이 이미지를 워치 앱에 표시하도록 만들어볼 것이다.

1. 앞에서 만든 WebServices 프로젝트에서 iOS 앱의 ViewController.swift 파일에 다음과 같이 굵게 표시한 문장을 추가한다.

```
import UIKit

class ViewController: UIViewController,
```

```swift
UIPickerViewDataSource, UIPickerViewDelegate {

@IBOutlet weak var pickerCountries: UIPickerView!

var countries: [String]!

//---웹에서 이미지를 다운로드한다.---
func downloadImage(urlString:String) {
    var imgURL = NSURL(string: urlString)
    var request: NSURLRequest = NSURLRequest(URL: imgURL!)
    var urlConnection = NSURLConnection(request: request,
                            delegate:self)

    NSURLConnection.sendAsynchronousRequest(request,
        queue: NSOperationQueue.mainQueue(),
        completionHandler: {
            (response: NSURLResponse!,
             data: NSData!,
             error: NSError!) -> Void in

            if (error == nil) {
                //---파일의 내용을 읽어서 NSData로 리턴한다---
                var imgData = NSData(contentsOfURL: imgURL!)

                //---공유 앱 그룹 URL을 가져온다---
                var fileManager = NSFileManager.defaultManager()
                var storeUrl = fileManager.
                containerURLForSecurityApplicationGroupIdentifier(
                    "group.learningwatchkit.webservices.app")

                //---같은 이름으로 파일을 저장한다.
                var fileURL =
                storeUrl?.URLByAppendingPathComponent("image.png")
            } else {
                println("Error: \(error.localizedDescription)")
            }
    })
}

func pickerView(pickerView: UIPickerView, didSelectRow row: Int,
        inComponent component: Int) {
    var defaults = NSUserDefaults(suiteName:
        "group.learningwatchkit.webservices.app")
    defaults?.setObject(countries[row], forKey: "country")
```

```
defaults?.synchronize()

//---선택한 국가의 국기를 다운로드한다.---
switch countries[row] {
case "Singapore": downloadImage(
    "https://dl.dropboxusercontent.com/u/" +
    "37098169/Flags/flag_singapore.png")
case "Norway": downloadImage(
    "https://dl.dropboxusercontent.com/u/" +
    "37098169/Flags/flag_norway.png")
case "Japan": downloadImage(
    "https://dl.dropboxusercontent.com/u/" +
    "37098169/Flags/flag_japan.png")
case "Thailand": downloadImage(
    "https://dl.dropboxusercontent.com/u/" +
    "37098169/Flags/flag_thailand.png")
case "Hong Kong": downloadImage(
    "https://dl.dropboxusercontent.com/u/" +
    "37098169/Flags/flag_hong_kong.png")
default: break;
    }
}
```

여기서는 다음과 같은 코드를 추가했다.

- downloadImage:라는 메소드를 추가했는데, 이 메소드는 다운로드하려는 (선택한 국가의 국기) 이미지에 대한 URL을 담은 문자열을 인자로 받는다.

- NSURLConnection 클래스를 사용하여, 지정한 URL에서 이미지를 비동기식으로 다운로드하도록 작성했다.

- 이미지 파일을 공유 앱 그룹에 저장하도록 NSFileManager 오브젝트의 containerURLForSecurityApplicationGroupIdentifier 메소드에 앞 절에서 생성한 공유 그룹 이름을 인자로 전달해서 호출한 뒤, 공유 앱 그룹의 경로를 가져왔다.

- 그리고 나서 이미지를 image.png라는 이름으로 공유 앱 그룹에 저장했다.

- 이렇게 하면 사용자가 피커 뷰에서 국가를 변경할 때마다 해당 이미지를 다운로드할 수 있다.

2. Interface.storyboard 파일에서 인터페이스 컨트롤러에 이미지 컨트롤 하나를 추가하고, 속성을 다음과 같이 지정한다(그림 4.52).

- **Horizontal**: Center
- **Width**: Fixed, 30
- **Height**: Fixed, 30

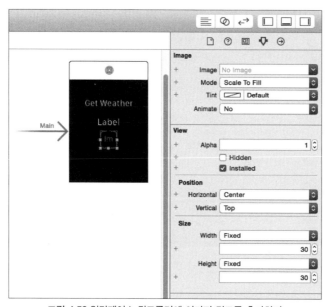

그림 4.52 인터페이스 컨트롤러에 이미지 컨트롤 추가하기

3. 이미지 컨트롤에 대한 아웃렛 image를 생성한다. 그러면 익스텐션 타깃의 InterfaceController.swift 파일에 다음과 같이 굵게 표시한 문장이 추가된다.

```
import WatchKit
import Foundation

class InterfaceController: WKInterfaceController {

    @IBOutlet weak var label: WKInterfaceLabel!
    @IBOutlet weak var image: WKInterfaceImage!
```

4. InterfaceController.swift 파일에 다음과 같이 굵게 표시한 문장을 추가한다.

```swift
import WatchKit
import Foundation

class InterfaceController: WKInterfaceController {

    @IBOutlet weak var label: WKInterfaceLabel!
    @IBOutlet weak var image: WKInterfaceImage!

    @IBAction func btnGetWeather() {

        var defaults = NSUserDefaults(suiteName:
            "group.learningwatchkit.webservices.app")

        //---iOS 앱으로 국가 정보를 전달한다.---
        var country = defaults?.objectForKey("country") as! String
        let dataToPhone = [
            "country" : country,
        ]

        WKInterfaceController.openParentApplication(dataToPhone) {
            (replyDataFromPhone, error) -> Void in
            if replyDataFromPhone != nil {
                //---iOS 앱으로부터 리턴된 결과에서 온도 정보를 가져온다.
                var temperature = replyDataFromPhone["temp"] as! Double
                var temperatureStr = String(format:"%.2f", temperature)

                self.label.setText("Temperature in " + country +
                    " is \(temperatureStr) Degrees Celsius")

                //---공유 앱 그룹의 URL을 가져온다.---
                var fileManager = NSFileManager.defaultManager()
                var storeUrl = fileManager.
                    containerURLForSecurityApplicationGroupIdentifier(
                        "group.learningwatchkit.webservices.app")
                var fileURL = storeUrl?URLByAppendingPathComponent(
                    "image.png")

                //---파일을 NSData로 불러온다.---
                var imgData = NSData(contentsOfURL: fileURL!)
                if imgData != nil {
                    //---이미지를 화면에 표시한다.---
                    self.image.setImageData(imgData)
```

```
                    }
            } else {
                self.label.setText("Error")
            }
        }
    }
```

이 코드에서는 다음과 같은 작업을 처리했다.

- 공유 앱 그룹에 있는 이미지 파일의 위치를 지정했다.

- 파일이 있다면, 이미지 컨트롤에 표시했다.

5. 아이폰 시뮬레이터로 애플리케이션을 구동하고, 아이폰 시뮬레이터 화면에서 WebServices 앱을 실행시킨 뒤, 국가를 지정한다. 그런 다음 애플 워치에서 **Get Weather** 버튼을 클릭하면, 그림 4.53과 같이 날씨 정보와 이미지가 표시되는 것을 볼 수 있다.

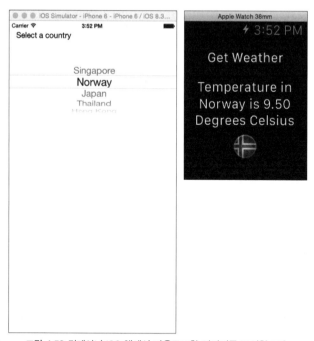

그림 4.53 컨테이너 iOS 앱에서 다운로드한 이미지를 표시한 모습

정리

이 장에서는 워치 앱을 현지화하는 방법과, 시간이 좀 걸리는 작업을 처리하기 위해 워치 앱과 컨테이너 iOS 앱이 서로 통신하는 방법에 대해 살펴봤다. 또한 워치 앱과 iOS 앱끼리 데이터를 공유하는 방법에 대해서도 소개했다. 다음 장에서는 아이폰에서 발생한 알림을 애플 워치에 표시하는 방법에 대해 배워보자.

5

알림

혁신은 리더와 추종자를 구분하는 잣대다.

— 스티브 잡스

애플 워치는 처음부터 아이폰의 기능을 확장하는 보조 장치로 설계됐다. 주머니에서 아이폰을 꺼내지 않고도 애플 워치만으로 많은 작업을 처리하도록 만들었다. 사용자가 아이폰을 통해 처리하는 작업 중 상당수는 알림 메시지를 확인하는 것이다. 따라서 애플 워치에서는 이 기능을 최우선으로 제공한다.

아이폰과 애플 워치가 페어링되면, 아이폰에 뜬 알림 메시지가 애플 워치로 전달된다. 애플 워치 애플리케이션에서는 이러한 알림 메시지를 사용자에게 좀 더 자세히 표시할 수 있는 옵션을 제공하며, 이를 통해 구체적인 동작을 수행하도록 앱을 구성할 수 있다.

알림의 의미

iOS에서 알림Notification이란, iOS에 들어온 정보를 사용자에게 알려주는 메시지다. 가령 카톡과 같은 메신저 앱에서 친구로부터 새로운 메시지가 전달되거나, 메일 서버로부터 새로운 메일이 전달되면, 알림을 통해 이를 사용자에게 알려준다. 알림 기능을 사용하면 애플리케이션이 포그라운드에서 실행되지 않더라도 사용자에게 새로운 데이터를 전달할 수 있으며, 앱 개발자 입장에서는 애플리케이션이 백그라운드에서도 유용한 기능을 수행하도록 앱을 만들 수 있다.

iOS에서 제공하는 알림은 다음과 같이 두 가지 종류로 구분할 수 있다.

- **로컬 알림**local notification: 앱에서 자체적으로 전달한 알림. 가령 일정 관리 애플리케이션에서 사용자에게 곧 다가오는 일정에 대해 알려줄 때 이러한 로컬 알림을 발생한다.
- **원격 알림**remote notification(푸시 알림push notification): 다른 장치에서 보낸 알림. 가령 메신저에서 누군가 사용자에게 메시지를 보낼 때, 이러한 푸시 알림으로 표시한다.

iOS 8부터 인터랙티브 알림 기능이 추가됐다. 따라서 전달된 알림에 직접 반응할 수 있다. 대표적인 예가 아이폰의 지메일Gmail 앱이다. 그림 5.1에서 왼쪽 패널을 보면, 폰이 잠겨 있지 않을 때 새로 들어온 메일에 대한 알림을 보여주고 있다. 이 때 알림은 화면 상단에 배너 형태로 표시된다. 이렇게 표시된 알림을 터치해서 아래쪽으로 드래그하면, **답장**Reply과 **보관처리**Archive라는 두 가지 버튼이 나타난다(그림 5.1의 오른쪽).

그림 5.1 장치의 잠금 상태가 해제됐을 때 지메일로부터 알림이 전달된 모습

답장 버튼을 탭하면 지메일 앱이 포그라운드에서 실행되면서, 전달된 이메일에 답장을 쓰는 화면이 뜬다. 반면 **보관처리** 버튼을 탭하면 지메일 앱을 띄우지 않고 해당 메일을 곧바로 보관함archive에 저장한다. 애플리케이션을 포그라운드로 띄우는 액션 버튼을 포그라운드foreground 액션이라 부른다. 마찬가지로 애플리케이션을 포그라운드로 띄우지 않는 액션 버튼을 백그라운드background 액션이라 부른다. 두 버튼 모두 장치의 잠금 상태를 해제해야 특정한 액션을 수행할 수 있도록 설정할 수 있다.

그림 5.2는 반대로 장치가 잠겨 있을 때 알림이 전달된 모습을 보여주고 있다. 알림을 왼쪽으로 스와이프하면, 두 개의 액션 버튼이 표시된다. 삭제하거나 저장하는 것처럼 뭔가 제거하는 연산(destructive로 지정한 연산)을 수행하는 액션 버튼은 빨간색으로 표시된다.

알림이 배너 형태로 표시되면, 최대 두 개의 액션 버튼을 표시할 수 있다.

그림 5.2 장치가 잠겨 있을 때 알림이 전달된 모습

액션 버튼을 두 개 이상 표시하려면, 알림을 알림창alert 메시지로 표시하도록 설정해야 한다. 그림 5.3은 앞에서 본 알림을 알림창 형태로 표시한 예를 보여주고 있다. 여기서 **옵션** 버튼을 탭하면(그림 5.3의 왼쪽 화면), 여러 개의 액션 버튼이 담긴 다른 알림창을 보여준다(그림 5.3의 오른쪽 화면).

지메일은 **열기**, **보관처리**, **답장**이라는 세 개의 버튼을 보여준다.

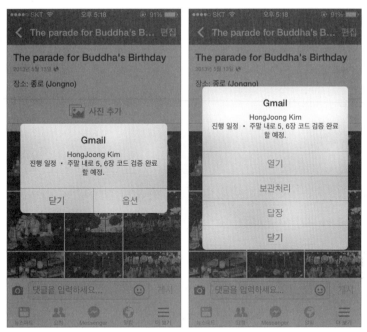

그림 5.3 알림을 경고로 표시하는 모습

이 장에서 설명하는 iOS 알림과 관련하여 다음과 같은 사항을 명심해야 한다.

- 로컬 알림은 애플리케이션에서 자체적으로 보내는 것이다.

- 원격 알림은 다른 장치에서 보낸 것이다.

- 액션 버튼은 포그라운드 액션을 수행할 수도 있고, 백그라운드 액션을 수행할 수도 있다.

- 장치의 잠금 상태가 해제된 경우에만 액션을 수행하도록 액션 버튼을 설정할 수 있다.

- 뭔가 제거하는(destructive로 지정한) 작업을 수행하는 액션 버튼은 빨간색으로 표시된다.

애플 워치에서 제공하는 알림의 종류

로컬 또는 원격 알림이 아이폰으로 전달되면, iOS에서는 이 알림을 아이폰에 표시할지, 아니면 애플 워치로 전달할지 결정한다.

애플 워치에서 알림을 받으면, 다음과 같은 단계에 따라 사용자에게 표시한다.

- 먼저 최소한의 인터페이스로 알림을 표시한다. 이를 짧게 보기 인터페이스short-look interface라 부른다.
- 사용자가 손목을 올리거나, 짧게 보기 인터페이스를 탭하면, 길게 보기 인터페이스long-look interface를 표시한다. 길게 보기 인터페이스는 알림 정보를 좀 더 자세히 표시한다.

> **노트**
>
> 알림이 전달될 때 아이폰이 잠겨 있지 않다면, iOS는 이 폰을 사용하고 있고, 알림이 폰에 나타날 것이라 판단한다. 알림이 전달될 때 장치가 잠겨 있다면, 알림을 애플 워치로 전달한다.

짧게 보기 인터페이스에 대해서는 처리할 작업이 거의 없다. 알림으로 전달된 내용을 그냥 표시하도록 인터페이스에서 제공하는 기능이 굉장히 제한되어 있기 때문이다. 반면 길게 보기 인터페이스는 얼마든지 원하는 형태로 꾸밀 수 있다. 다른 텍스트나 이미지를 추가로 표시해서 메시지를 좀 더 구체적으로 보여줄 수 있다.

짧게 보기 인터페이스 구현 방법

이 절에서는 짧게 보기 인터페이스로 알림을 구현하는 방법에 대해 알아보자. 예제는 다음과 같이 구성한다.

1. 엑스코드에서 'Notifications'라는 이름으로 Single View Application 프로젝트를 생성한다.
2. 프로젝트에 WatchKit App 타깃을 추가한다. 이번에는 Include Notification Scene 옵션을 선택한다(그림 5.4).

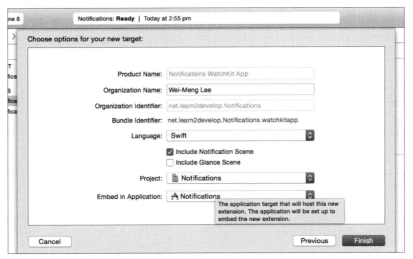

그림 5.4 프로젝트에 알림 사용하는 WatchKit App 타깃 추가하기

3. WatchKit 앱의 Interface.storyboard 파일을 보면, 인터페이스 컨트롤러뿐만 아니라, 정적 인터페이스 컨트롤러Static Interface Controller와 동적 인터페이스 컨트롤러Dynamic Interface Controller라는 두 개의 컨트롤러가 더 추가된 것을 볼 수 있다 (그림 5.5).

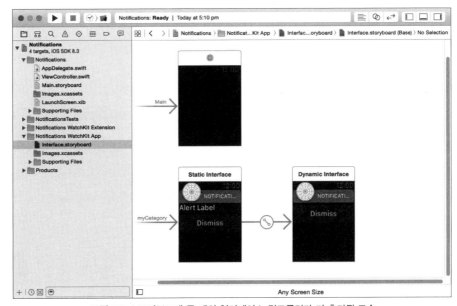

그림 5.5 스토리보드에 두 개의 인터페이스 컨트롤러가 더 추가된 모습

정적 인터페이스 컨트롤러는 짧게 보기 인터페이스를 표시하고, 동적 인터페이스 컨트롤러는 길게 보기 인터페이스를 표시한다. 정적 인터페이스 컨트롤러를 보면 레이블 하나와 Dismiss 버튼 하나가 들어 있다. 이 레이블은 원하는 형태로 변경할 수 있는 반면, Dismiss 버튼은 속성을 변경할 수 없을 뿐만 아니라, 지울 수도 없다.

4. 익스텐션 프로젝트에 있는 PushNotificationPayload.apns 파일을 살펴보자(그림 5.6). 이 파일에는 원격 알림에 대한 페이로드_payload가 들어 있다. 애플 워치 시뮬레이터에서 원격(푸시) 알림을 받는 동작을 표현할 때 이 페이로드를 사용한다.

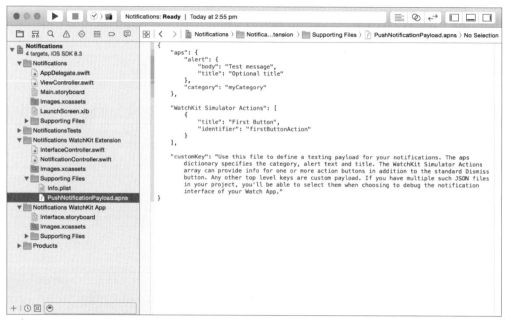

그림 5.6 원격 알림의 페이로드를 담고 있는 PushNotificationPayload.apns 파일

노트

애플 워치 시뮬레이터로 앱을 테스트할 때, 아이폰 시뮬레이터에서 받은 알림은 애플 워치 시뮬레이터로 전달되지 않는다. 따라서 PushNotificationPayload.apns 파일을 이용하여 원격 알림을 받는 동작을 표현해야 한다.

5. 예제를 테스트하도록 엑스코드의 상단 메뉴에서 Notifications ➤ Notifications WatchKit App 스킴을 선택하고, 아이폰 시뮬레이터로 구동시켜보자(그림 5.7).

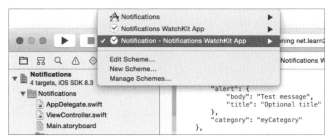

그림 5.7 페이로드를 알림에 사용하도록 알림 스킴 선택하는 모습

6. 그러면 애플 워치 시뮬레이터에 그림 5.8과 같이 알림이 표시되는 것을 확인할 수 있다.

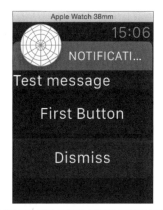

그림 5.8 애플 워치에 알림이 표시된 모습

여기서 레이블에 'Test message'라는 텍스트가 표시되고, 버튼의 타이틀로 First Button이 표시되는 것을 볼 수 있다. 둘 다 PushNotificationPayload.apns 파일에서 가져온 것이다. Dismiss 버튼은 항상 똑같이 표시되며, 이 버튼을 누르면 알림이 사라진다. First Button을 클릭하면 워치킷 애플리케이션의 디폴트 인터페이스 컨트롤러가 호출된다.

원하는 형태로 알림 메시지 꾸미기

정적 인터페이스 컨트롤러에 있는 레이블에서는 개행 문자(\n)가 담긴 텍스트를 표시할 수 있다. 이를 통해 긴 문장을 여러 개의 짧은 문장으로 쪼갤 수 있다.

1. 앞 절에서 만든 프로젝트에서 PushNotificationPayload.apns 파일을 다음과 같이 수정한다.

```
{
    "aps": {
        "alert": {
            "body":
            "Boarding Now\nFlight 164 to Los Angeles boards at 6:60AM at
                Gate 46",
        },
        "category": "myCategory"
    },

    "WatchKit Simulator Actions": [
        {
            "title": "First Button",
            "identifier": "firstButtonAction"
        }
    ],

    "customKey": "Use this file to define a testing payload for your
notifications. The aps dictionary specifies the category, alert text, and
title. The WatchKit Simulator Actions array can provide info for one
or more action buttons in addition to the standard Dismiss button. Any
other top level keys are custom payload. If you have multiple such JSON
files in your project, you'll be able to select them when choosing to
debug the notification interface of your Watch App."
}
```

2. Interface.storyboard 파일에서 정적 인터페이스 컨트롤러의 레이블의 Lines 속성을 0으로 지정한다(그림 5.9).

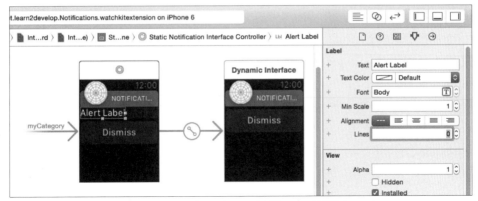

그림 5.9 레이블 컨트롤의 Lines 속성을 0으로 설정한다.

3. 아이폰 시뮬레이터로 애플리케이션을 구동하면, 그림 5.10과 같이 레이블의 텍
스트가 여러 줄로 표시되는 것을 볼 수 있다. 알림을 사라지게 하려면, 페이지를
위로 스크롤해서 Dismiss 버튼을 클릭한다.

그림 5.10 레이블의 텍스트가 여러 줄로 쪼개서 표시된 모습

워치킷 애플리케이션 이름 변경

그림 5.10을 자세히 보면, 정적 인터페이스 컨트롤러에 프로젝트 이름이
NOTIFICATI...와 같이 일부분이 잘려서 표시된 것을 볼 수 있다. 이렇게 표시된 이
름을 다르게 바꿔보자.

1. WatchKit App의 Supporting Files 그룹에 있는 Info.plist 파일을 선택하고, 'Bundle display name'이란 키 값을 원하는 앱 이름으로 변경하자. 예제에서는 'Apple Air'로 지정했다(그림 5.11).

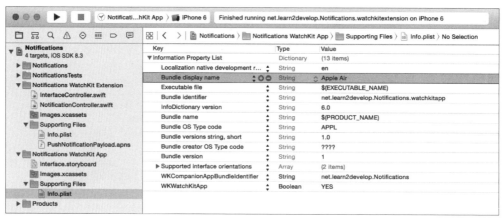

그림 5.11 애플 워치 앱의 이름 바꾸기

2. 아이폰 시뮬레이터로 애플리케이션을 구동하면, 그림 5.12와 같이 정적 인터페이스 컨트롤러에서 앱 이름을 대문자로 표시하는 것을 볼 수 있다.

그림 5.12 애플 워치 앱의 이름이 변경된 모습

애플 워치 앱의 아이콘 지정

애플 워치 앱을 앱 스토어에 등록하려면 반드시 아이콘을 지정해야 한다. 이를 위해 아이콘 이미지를 크기별로 준비해서, 프로젝트에 복사한다. 이렇게 추가한 아이콘은 워치의 알림 센터Notification Center나 애플 워치 설정Apple Watch Companion Settings, 홈 화면, 짧게 보기 인터페이스, 길게 보기 인터페이스 등과 같이 다양한 곳에서 활용할 수 있다.

1. 아이콘을 다음과 같이 크기별로 준비한다.

   - icon48×48.png: 48×48픽셀
   - icon55×55.png: 55×55픽셀
   - icon58×58.png: 58×58픽셀
   - icon87×87.png: 87×87픽셀
   - icon80×80.png: 80×80픽셀
   - icon88×88.png: 88×88픽셀
   - icon172×172.png: 172×172픽셀
   - icon196×196.png: 196×196픽셀

   > **노트**
   > 이 책의 예제 코드를 다운로드하면 아이콘 파일이 들어 있다.

2. WatchKit App에서 Images.xcassets를 선택하고, 앞 단계에서 추가한 아이콘을 그림 5.13과 같이 적절한 위치로 드래그 앤 드롭한다(앞에서 나열한 순서를 따른다).

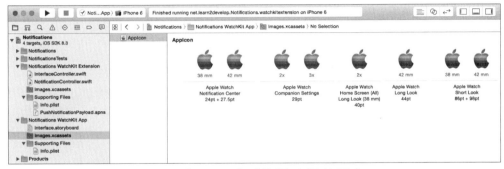

그림 5.13 프로젝트에 추가된 아이콘 설정하기

3. Interface.storyboard 파일을 보면 정적 인터페이스 컨트롤러와 동적 인터페이스 컨트롤러에 아이콘이 표시되는 것을 확인할 수 있다(그림 5.14).

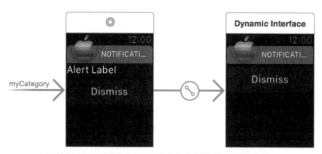

그림 5.14 인터페이스 컨트롤러에 아이콘이 표시된 모습

4. 아이폰 시뮬레이터로 애플리케이션을 구동하면, 그림 5.15와 같이 정적 인터페이스 컨트롤러에 아이콘이 표시되는 것을 볼 수 있다.

그림 5.15 정적 인터페이스 컨트롤러에 표시된 아이콘

배경 이미지 설정

정적 인터페이스 컨트롤러에 배경 이미지를 표시할 수도 있다.

1. Images.xcassets 파일에 background.png라는 이름의 이미지를 드래그 앤 드롭한다(그림 5.16).

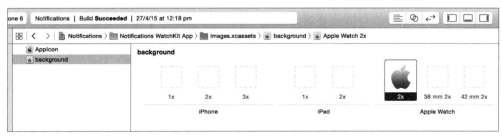

그림 5.16 프로젝트에 이미지 추가하기

2. Interface.storyboard 파일에서 정적 인터페이스 컨트롤러를 선택한 다음, Background 속성을 background로 지정하고, Mode 속성을 Aspect Fit으로 지정한다(그림 5.17).

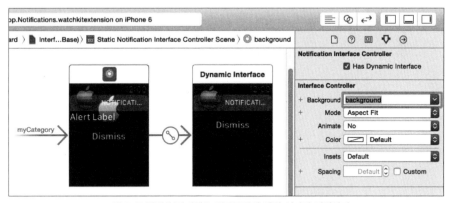

그림 5.17 정적 인터페이스 컨트롤러에 배경 이미지 지정하기

3. 아이폰 시뮬레이터로 애플리케이션을 구동하면, 그림 5.18과 같이 정적 인터페이스 컨트롤러에 배경 이미지가 표시되는 것을 확인할 수 있다.

그림 5.18 정적 인터페이스 컨트롤러에 배경 이미지가 표시된 모습

액션 버튼

앞서 원격 알림의 페이로드가 담긴 PushNotificationPayload.apns 파일을 살펴봤다. WatchKit Simulator Actions 키를 보면, 식별자가 firstButtonAction이고, 타이틀이 First Button으로 지정된 항목이 담겨 있다.

```
"WatchKit Simulator Actions": [
    {
        "title": "First Button",
        "identifier": "firstButtonAction"
    }
],
```

이렇게 지정하면 원격 알림에 액션 버튼이 한 개만 담기도록 표현할 수 있다. 여기서 title 키는 짧게 보기 인터페이스에 표시될 버튼의 타이틀을 지정하고, identifier 키는 버튼을 탭 할 때 코드에서 참조할 버튼의 ID를 지정한다.

다음과 같이 작성하면 여러 개의 액션 버튼을 가진 원격 알림을 표현할 수 있다.

1. PushNotificationPayload.apns 파일을 다음과 같이 수정한다.

```
{
    "aps": {
        "alert": {
            "body":
            "Boarding Now\nFlight 164 to Los Angeles boards at 6:60AM at
                Gate 46",
        },
        "category": "myCategory"
    },

    "WatchKit Simulator Actions": [
        {
            "title": "Itinerary",
            "identifier": "btnItinerary"
        },
        {
            "title": "Weather",
            "identifier": "btnWeather"
        },
        {
            "title": "Cancel Boarding",
            "identifier": "btnCancel"
            "destructive": 1
        },
    ],

    "customKey": "Use this file to define a testing payload for your
    notifications. The aps dictionary specifies the category, alert text, and
    title. The WatchKit Simulator Actions array can provide info for one
    or more action buttons in addition to the standard Dismiss button. Any
    other top level keys are custom payload. If you have multiple such JSON
    files in your project, you'll be able to select them when choosing to
    debug the notification interface of your Watch App."
}
```

여기서 destructive 키를 1로 지정하여, 해당 액션 버튼을 제거하는 성격의 작업을 처리하도록 지정했다.

2. 아이폰 시뮬레이터로 애플리케이션을 구동하면, 그림 5.19와 같이 짧게 보기 인터페이스에 네 개의 버튼이 표시되고, destructive로 지정한 **Dismiss** 버튼은 빨간색으로 표시되는 것을 확인할 수 있다.

그림 5.19 네 개의 버튼을 표시하는 정적 인터페이스 컨트롤러

> **노트**
> 실제로 짧게 보기 인터페이스의 지속 시간은 상당히 짧다. 짧게 보기 인터페이스가 나타난 사이에 사용자가 잽싸게 탭 하지 않으면 금새 길게 보기 인터페이스로 전환되어 버린다.

액션 버튼 처리

이 장의 앞 부분에서 설명한 바와 같이, 알림에 액션 버튼을 표시할 수 있다. 이러한 액션 버튼은 포그라운드 버튼과 백그라운드 버튼이라는 두 가지 형태로 제공된다. 알림을 받아서 아이폰에 표시할 때, 포그라운드 액션 버튼을 누르면 아이폰 앱을 구동하여 포그라운드에 띄운다. 반면 백그라운드 액션 버튼은 아이폰 앱을 백그라운드로 구동한다.

애플 워치에서는 이러한 액션 버튼이 다음과 같이 실행된다.

- 포그라운드 액션 버튼은, 로컬 알림일 경우 위치 앱의 메인 인터페이스 컨트롤러에 있는 handleActionWithIdentifier:forLocalNotification:을, 원격 알림일 경우 handleActionWithIdentifier:forRemoteNotification:을 호출한다.

- 백그라운드 액션 버튼은, 로컬 알림일 경우 컨테이너 iOS 앱에 있는 `application:` `handleActionWithIdentifier:forLocalNotification:`을, 원격 알림일 경우 `handleActionWithIdentifier:forRemoteNotification:`을 호출한다.

1. Interface.storyboard 파일에서 인터페이스 컨트롤러에 두 개의 레이블 컨트롤을 추가한다(그림 5.20). 그리고 두 레이블의 Lines 속성을 0으로 지정한다.

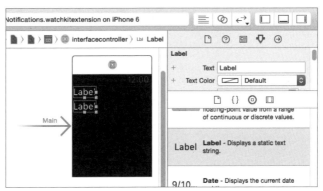

그림 5.20 인터페이스 컨트롤러에 두 개의 레이블 컨트롤 추가하기

2. 두 레이블에 대해 각각 아웃렛 `label1`, `label2`를 생성한다. 그러면 InterfaceController.swift 파일에 다음과 같이 굵게 표시한 문장이 추가된다.

```swift
import WatchKit
import Foundation

class InterfaceController: WKInterfaceController {

    @IBOutlet weak var labe1: WKInterfaceLabel!
    @IBOutlet weak var labe2: WKInterfaceLabel!

    override func awakeWithContext(context: AnyObject?) {
        super.awakeWithContext(context)
```

3. PushNotificationPayload.apns 파일에 다음과 같이 굵게 표시한 문장을 추가
한다.

```
{
    "aps": {
        "alert": {
            "body":
            "Boarding Now\nFlight 164 to Los Angeles boards at 6:60AM at
                Gate 46",
        },
        "category": "myCategory"
    },

    "WatchKit Simulator Actions": [
        {
            "title": "Itinerary",
            "identifier": "btnItinerary"
        },
        {
            "title": "Weather",
            "identifier": "btnWeather"
        },
        {
            "title": "Cancel Boarding",
            "identifier": "btnCancel"
            "destructive": 1
        },
    ],

    "gateclose": "7:30AM",

    "customKey": "Use this file to define a testing payload for your
notifications. The aps dictionary specifies the category, alert text, and
title. The WatchKit Simulator Actions array can provide info for one
or more action buttons in addition to the standard Dismiss button. Any
other top level keys are custom payload. If you have multiple such JSON
files in your project, you'll be able to select them when choosing to
debug the notification interface of your Watch App."
}
```

4. InterfaceControllers.swift 파일에 다음과 같이 굵게 표시한 문장을 추가한다.

```swift
import WatchKit
import Foundation

class InterfaceController: WKInterfaceController {

    @IBOutlet weak var label1: WKInterfaceLabel!
    @IBOutlet weak var labe2: WKInterfaceLabel!

    override func awakeWithContext(context: AnyObject?) {
        super.awakeWithContext(context)

        // 여기서 인터페이스 오브젝트를 설정한다.
        label1.setText("")
        label2.setText("")
    }

    func handleButtons (btnIdentifier : String) {
        switch btnIdentifier {
        case "btnItinerary":
            label2.setText("Arriving in Los Angeles at 11:50AM")
        case "btnWeather":
            label2.setText("The weather in Los Angeles is 62 degrees")
        case "btnCancel":
            label2.setText("Please proceed to the gate immediately.")
        default:break
        }
    }

    //---로컬 알림에서 포그라운드 액션 버튼을 탭할 때 실행되는 메소드---
    override func handleActionWithIdentifier(identifier: String?,
    forLocalNotification localNotification: UILocalNotification) {
        handleButtons(identifier!)
    }

    //---원격 알림에서 포그라운드 액션 버튼을 탭할 때 실행되는 메소드---
    override func handleActionWithIdentifier(identifier: String?,
    forRemoteNotification remoteNotification: [NSObject : AnyObject]) {
        if let s = remoteNotification["gateclose"] as? String {
            label1.setText("Gate Close: \(s)")
        }
        handleButtons(identifier!)
    }
```

handleActionWithIdentifier:forRemoteNotification: 메소드의 첫 번째 인자로 액션 버튼의 식별자가 전달된다. 두 번째 인자로는 전달된 알림의 복사본이 전달된다. 예제에서는 알림의 내용을 읽어서 게이트가 닫히는 시각을 알아낸다.

노트

알림에 대한 모든 포그라운드 액션은 알림 컨트롤러(Notification Controller)가 아닌, 워치 앱의 메인 엔트리 포인트(WKInterfaceController)에서 처리한다.

5. 아이폰 시뮬레이터로 애플리케이션을 구동하고, 애플 워치 시뮬레이터에서 아무 버튼이나 하나를 클릭해본다(그림 5.21). 그러면 메인 인터페이스 컨트롤러가 구동되면서, 알림을 자세히 보여준다.

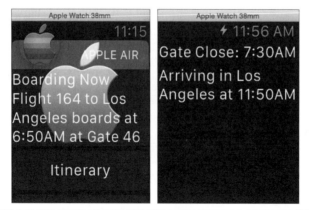

그림 5.21 액션 버튼을 클릭하면 워치 앱의 디폴트 인터페이스 컨트롤러가 뜬다.

6. 백그라운드 액션을 위해 컨테이너 iOS 앱에 application:handleActionWith Identifier:forLocalNotification:과 application:handleActionWithIden tifier:forRemoteNotification: 메소드를 구현한다. AppDelegate.swift 파일에 다음과 같이 굵게 표시한 문장을 추가한다.

214

```
import UIKit

@UIApplicationMain
class AppDelegate: UIResponder, UIApplicationDelegate {

    var window: UIWindow?

    func handleButtons (btnIdentifier: String) {
        // ...
    }

    //---로컬 알림에서 백그라운드 액션 버튼을 탭할 때 실행되는 메소드---
    func application(application: UIApplication,
    handleActionWithIdentifier identifier: String?,
    forLocalNotification notification: UILocalNotification,
    completionHandler: () -> Void) {
        handleButtons(identifier!)
    }

    //---원격 알림에서 백그라운드 액션 버튼을 탭할 때 실행되는 메소드---
    func application(application: UIApplication,
    handleActionWithIdentifier identifier: String?,
    forRemoteNotification userInfo: [NSObject : AnyObject],
    completionHandler: () -> Void) {
        handleButtons(identifier!)
    }
}
```

> **노트**
> 위에 나온 예제는 실제 iOS 장치와 애플 워치에서만 테스트할 수 있다.

길게 보기 인터페이스 구현 방법

사용자가 짧게 보기 인터페이스를 탭 하거나, 손목을 올린 상태를 유지하면, 길게 보기 인터페이스가 나타난다. 길게 보기 인터페이스long-look interface를 사용하면 (레이블이나 이미지 컨트롤을 좀 더 사용하여) 알림을 좀 더 상세하게 표시할 수 있지만, 액션 버튼이나 dismiss 버튼이 아닌 다른 방식으로는 여전히 사용자와 직접 상호 작용할 수 없다. 다시 말해 길게 보기 인터페이스에 버튼을 별도로 추가할 수 없다.

1. PushNotificationPayload.apns 파일에 다음과 같이 굵게 표시한 문장을 추가한다.

```
{
    "aps": {
        "alert": {
            "body":
            "Boarding Now\nFlight 164 to Los Angeles boards at 6:60AM at
                Gate 46",
        },
        "category": "myCategory"
    },

    "WatchKit Simulator Actions": [
        {
            "title": "Itinerary",
            "identifier": "btnItinerary"
        },
        {
            "title": "Weather",
            "identifier": "btnWeather"
        },
        {
            "title": "Cancel Boarding",
            "identifier": "btnCancel"
            "destructive": 1
        },
    ],

    "status"   : "Boarding",
    "flight"   : "164",
    "time"     : "6:50AM",
    "gate"     : "46",
    "gateclose": "7:30AM",

    "customKey": "Use this file to define a testing payload for your
    notifications. The aps dictionary specifies the category, alert text, and
    title. The WatchKit Simulator Actions array can provide info for one
    or more action buttons in addition to the standard Dismiss button. Any
    other top level keys are custom payload. If you have multiple such JSON
    files in your project, you'll be able to select them when choosing to
    debug the notification interface of your Watch App."
}
```

여기에서는 항공편에 대한 정보를 좀 더 자세히 알려주도록 수정했다.

2. Interface.storyboard 파일에서 동적 인터페이스 컨트롤러에 이미지 컨트롤 한 개와 레이블 컨트롤 세 개를 추가한다(그림 5.22). 각 컨트롤마다 Horizontal 속성을 Center로 지정하고, 레이블의 Lines 속성을 모두 0으로 지정한다.

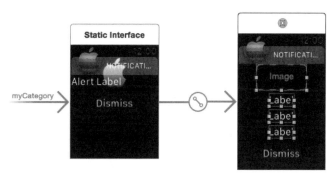

그림 5.22 동적 인터페이스 컨트롤러에 네 개의 컨트롤 추가하기

3. WatchKit 앱에 있는 Images.xcassets 파일에 boarding.png와 info.png 파일을 드래그 앤 드롭한다(그림 5.23).

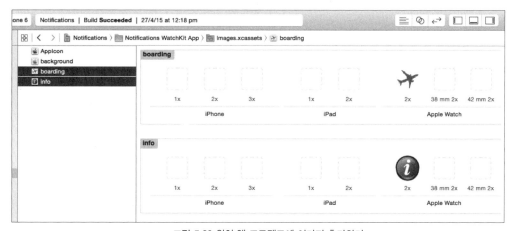

그림 5.23 워치 앱 프로젝트에 이미지 추가하기

4. 동적 인터페이스 컨트롤러의 아이덴티티 인스펙터 창에서 Class 속성을 NotificationController로 지정한다(그림 5.24). 이 클래스는 익스텐션 프로젝트의 NotificationController.swift라는 파일에 들어 있다.

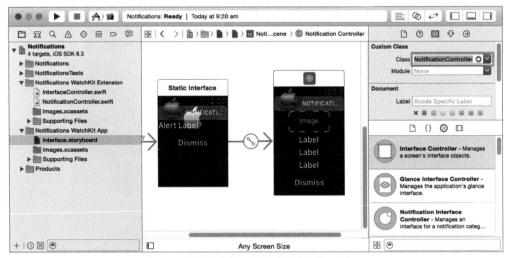

그림 5.24 동적 인터페이스 컨트롤러를 나타내는 클래스

5. NotificationController.swift 파일에 이미지와 레이블 컨트롤에 대한 아웃렛을 생성한다.

```swift
import WatchKit
import Foundation

class NotificationController: WKUserNotificationInterfaceController{

    @IBOutlet weak var image:   WKInterfaceImage!
    @IBOutlet weak var lblBody: WKInterfaceLabel!
    @IBOutlet weak var lblGate: WKInterfaceLabel!
    @IBOutlet weak var lblTime: WKInterfaceLabel!

    override init() {
        // 여기서 변수를 초기화한다.
        super.init()

        // 여기서 인터페이스 오브젝트를 설정한다.
    }
```

6. NotificationController.swift 파일에 다음과 같이 굵게 표시한 문장을 추가한다.

```swift
import WatchKit
import Foundation

class NotificationController: WKUserNotificationInterfaceController{

    @IBOutlet weak var image:   WKInterfaceImage!
    @IBOutlet weak var lblBody: WKInterfaceLabel!
    @IBOutlet weak var lblGate: WKInterfaceLabel!
    @IBOutlet weak var lblTime: WKInterfaceLabel!

    override init() {
        // 여기서 변수를 초기화한다.
        super.init()

        // 여기서 인터페이스 오브젝트를 설정한다.
    }

    override func willActivate() {
        // 워치 뷰 컨트롤러가 사용자에게 나타날 때 호출되는 메소드
        super.willActivate()
    }

    override func didDeactivate() {
        // 워치 뷰 컨트롤러가 사용자에게 더 이상 나타나지 않을 때 호출되는 메소드
        super.didDeactivate()
    }

    override func didReceiveLocalNotification(localNotification:
    UILocalNotification, withCompletion completionHandler:
    ((WKUserNotificationInterfaceType) -> Void)) {
        // 로컬 알림을 표시할 때 이 메소드가 호출된다.
        // 동적 알림 인터페이스를 사용하려면 이 메소드를 구현한다.
        // 동적 알림 인터페이스에 들어갈 내용은 최대한 빨리 설정한다.
        // 인터페이스를 다 구성했다면, completion 블록을 호출한다.
        completionHandler(.Custom)
    }

    override func didReceiveRemoteNotification(remoteNotification:
    [NSObject : AnyObject], withCompletion completionHandler:
    ((WKUserNotificationInterfaceType) -> Void)) {
```

```
    // 원격 알림을 표시할 때 이 메소드가 호출된다.
    // 동적 알림 인터페이스를 사용하려면 이 메소드를 구현한다.
    // 동적 알림 인터페이스에 들어갈 내용은 최대한 빨리 설정한다.
    // 인터페이스를 다 구성했다면, completion 블록을 호출한다.
    let alert =
        remoteNotification["aps"]!["alert"]! as! NSDictionary
    self.lblBody.setText(alert["body"]! as? String)

    if remoteNotification["status"] as! String == "Boarding" {
        self.image.setImageNamed("boarding")
    } else if remoteNotification["status"] as! String=="Delayed" {
        self.image.setImageNamed("info")
    }
    self.lblGate.setText("Gate: " +
        (remoteNotification["gate"] as!String))
    self.lblTime.setText("Boarding: " +
        (remoteNotification["time"] as! String))
    completionHandler(.Custom) }}
    }
}
```

길게 보기 인터페이스를 구현하려면, NotificationController 클래스에 다음과 같은 두 개의 메소드를 구현해야 한다.

- didReceiveLocalNotification:withCompletion: - 로컬 알림이 들어오면 호출된다.

- didReceiveRemoteNotification:withCompletion: - 원격 알림이 들어오면 호출된다.

두 메소드 모두 빠르게 실행돼야 한다. 그렇지 않으면 애플 워치에서 다시 짧게 보기 인터페이스로 되돌아간다. 메소드를 끝내기 전에 반드시 completionHandler를 호출해야 한다. 이 때 WKUserNotificationInterfaceType 타입의 열거형을 인자로 전달한다. 주로 Custom을 사용하지만, Default로 지정하여 원하는 페이로드가 담겨 있지 않을 때 짧게 보기 인터페이스로 돌아가게 할 수도 있다.

애플 워치 시뮬레이터로는 원격 알림만 시뮬레이션할 수 있기 때문에, `didRece` `iveRemoteNotification:withCompletion:` 메소드에 알림으로 전달된 항공편에 대한 상세 정보를 추출해서, 이미지와 레이블로 부가 정보를 표시하는 코드를 추가했다.

> **노트**
>
> 애플 시뮬레이터로 앱을 테스트할 때, didReceiveRemoteNotification:withCompletion: 메소드에서 completionHandler로 Custom을 리턴하도록 구현했다면, 아이폰 시뮬레이터로 앱을 구동하면 동적 인터페이스 컨트롤러가 화면에 표시된다. 그렇지 않다면 항상 정적 인터페이스 컨트롤러가 표시된다.

7. 아이폰 시뮬레이터로 애플리케이션을 구동하면, 그림 5.25와 같이 항공편에 대한 상세 정보가 길게 보기 인터페이스로 표시되는 것을 볼 수 있다.

그림 5.25 항공편에 대한 상세 정보를 보여주는 동적 인터페이스 컨트롤러

다양한 페이로드로 알림 표현

원격 알림을 시뮬레이션할 때, 익스텐션 프로젝트에 있는 디폴트 PushNotification Payload.apns 파일뿐만 아니라, 다른 파일도 추가해서 사용할 수 있다.

1. 새 파일을 추가하기 위해, 익스텐션의 Supporting Files 그룹에 대고 마우스 오른쪽 버튼을 클릭한 뒤에 New File...을 클릭한다. 그래서 나타난 창에서 Apple Watch ➤ Notification Simulation File을 선택한 뒤, Next 버튼을 클릭한다(그림 5.26). 파일 이름은 'PushNotificationPayload-delayed.apns'로 지정한다.

그림 5.26 프로젝트에 알림 시뮬레이션 파일 더 추가하기

2. 그러면 그림 5.27과 같이 Supporting Files 그룹에 새 파일이 추가된 것을 볼 수 있다.

그림 5.27 새로 추가된 페이로드 파일

3. PushNotificationPayload-delayed.apns 파일을 다음과 같이 작성한다.

> **노트**
> 여기에서는 PushNotificationPayload−delayed.apns 파일의 body 키에 대한 값을 보기 좋도록 줄을 나눴지만, 실제로 아이폰 시뮬레이터에서 구동할 때는 한 줄로 작성해야 한다.

```json
{
    "aps": {
        "alert": {
            "body": "Flight Delayed\nFlight 164 to Los Angeles
                    now boards at 7:50AM at Gate 56",
        },
        "category": "myCategory"
    },
    "status"   : "Delayed",
    "flight"   : "164",
    "time"     : "7:50AM",
    "gate"     : "56",
    "gateclose": "8:30AM",

    "WatchKit Simulator Actions": [
        {
            "title": "Itinerary",
            "identifier": "btnItinerary"
        },
        {
            "title": "Weather",
            "identifier": "btnWeather"
        },
        {
            "title": "Cancel Boarding",
            "identifier": "btnCancel"
            "destructive": 1
        },
    ]
}
```

4. 새로 추가한 페이로드 파일을 테스트해보려면, 엑스코드 상단 메뉴에서 Edit Scheme...을 선택한다(그림 5.28).

그림 5.28 프로젝트를 구동할 스킴 편집하기

5. Run 설정에서 알림 페이로드로 PushNotificationPayload-delayed.apns를 선택한다(그림 5.29).

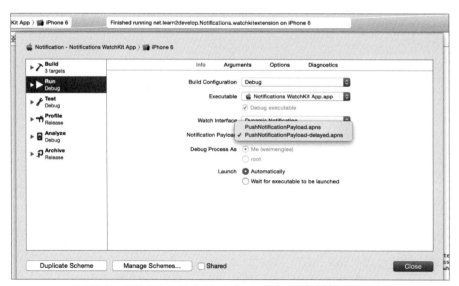

그림 5.29 알림 시뮬레이션에 사용할 새로운 페이로드 파일 선택하는 화면

6. 아이폰 시뮬레이터로 애플리케이션을 구동하면, 그림 5.30과 같이 여러 가지 아이콘으로 항공편에 대한 상세 정보를 보여주는 길게 보기 인터페이스가 나타나는 것을 볼 수 있다.

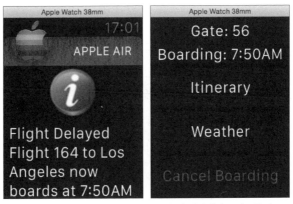

그림 5.30 새로운 알림을 보여주는 동적 인터페이스 컨트롤러

새시 컬러 변경

정적 인터페이스 컨트롤러와 동적 인터페이스 컨트롤러는 타이틀을 표시하는 띠 모양의 UI인 새시sash의 색과 타이틀의 색을 변경하는 기능을 지원한다.

1. Interface.storyboard 파일에서 myCategory라고 표시된 화살표를 선택하고, 애트리뷰트 인스펙터 창에서 Sash Color를 노란색으로, Title Color를 파란색으로 지정한다(그림 5.31). 그러면 즉시 색깔이 바뀐다.

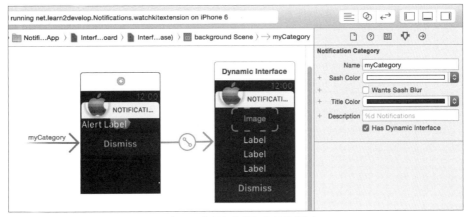

그림 5.31 새시와 타이틀 컬러 변경하기

2. 아이폰 시뮬레이터로 애플리케이션을 구동하면, 동적 인터페이스 컨트롤러에 새시와 타이틀 컬러가 그림 5.32와 같이 변경되는 것을 볼 수 있다.

그림 5.32 새시와 타이틀 컬러가 변경된 모습

동적 인터페이스 컨트롤러가 화면에 표시되는 시간 지연

동적 인터페이스 컨트롤러가 화면에 표시되는 시간이 오래걸리면, 애플 워치의 화면은 정적 인터페이스 컨트롤러로 되돌아간다.

1. 이를 직접 확인하기 위해, NotificationController.swift 파일에 다음과 같이 굵게 표시한 문장을 추가한다.

```
override func didReceiveRemoteNotification(
    remoteNotification: [NSObject : AnyObject],
    withCompletion completionHandler:
    ((WKUserNotificationInterfaceType) -> Void)) {
    // 원격 알림을 표시할 때 이 메소드가 호출된다.
    // 동적 알림 인터페이스를 사용하려면 이 메소드를 구현한다.
    // 동적 알림 인터페이스에 들어갈 내용은 최대한 빨리 설정한다.
    // 인터페이스를 다 구성했다면, completion 블록을 호출한다.

    //---10초 지연시킨다.---
    sleep(10)
```

```
let alert =
    remoteNotification["aps"]!["alert"]! as! NSDictionary
self.lblBody.setText(alert["body"]! as? String)

if remoteNotification["status"] as! String == "Boarding" {
    self.image.setImageNamed("boarding")
} else if remoteNotification["status"] as! String=="Delayed" {
    self.image.setImageNamed("info")
}
self.lblGate.setText("Gate: " +
    (remoteNotification["gate"] as!String))
self.lblTime.setText("Boarding: " +
    (remoteNotification["time"] as! String))
completionHandler(.Custom) }}
}
```

2. 아이폰 시뮬레이터로 애플리케이션을 구동하고, Output 창에 "Took too long to show custom notification. Falling back to static"이란 에러 메시지가 표시되면서, 애플 워치 시뮬레이터 화면이 정적 인터페이스 컨트롤러로 돌아가는지 확인한다.

정리

이 장에서는 애플 워치 앱에 알림을 구현하는 방법에 대해 살펴봤다. 이 과정에서 여러 가지 종류의 알림에 대해 하나씩 살펴보고, 애플 워치에서 각각을 처리하는 방법에 대해 배웠다. 또한 페이로드를 다르게 구성하여 알림을 시뮬레이션하는 방법도 알아봤다. 다음 장에서는 애플 워치 앱에 글랜스를 구현하는 방법에 대해 배워보자.

6

글랜스

지금껏 내가 본 좋은 제품은 모두 자신뿐만 아니라
주변 사람들이 원하는 멋진 것을 만드는 것에 열정적인 사람들이 있었다.
본인이 정말 쓰고 싶어서 만든 것이다.

– 스티브 잡스

사람들이 시계를 사용할 땐 시간을 확인하기 위해 시계를 힐끗 쳐다보는 동작glance을 가장 많이 한다. 애플 워치에서는 이러한 동작을 좀 더 발전시켜 워치 애플리케이션을 다루는 기본 UI로 활용했다. 시간만 확인하는데 그치지 않고, 여러 가지 애플리케이션의 상태를 빠르게 훑어보도록 구성했다. 이러한 글랜스glance 기능은 사용자가 워치를 위로 스와이프할 때 화면에 나타난다. 또한 앱에서 지원할 경우, 스크롤할 수 있는 리스트 형태로 글랜스를 표시할 수 있다(최대 20개의 글랜스를 표시하는 기능을 지원한다). 글랜스는 워치에 있는 다양한 앱에 대한 현재 상태를 보여준다. 인스타그램이 최근에 공유한 사진을 보여주고, 트위터는 최근 이슈가 되는 트윗을 보여주듯이, 글랜스는 사용자에게 중요한 정보를 빠르게 확인할 수 있도록 요약해서 보여준다. 좀 더 자세한 내용을 보고 싶다면, 글랜스를 탭 해서 해당 워치 앱을 띄울 수 있다.

만들려는 앱에서 글래스를 지원하려면 먼저 스토리보드 파일에 글래스 씬을 추가해야 한다. 그리고 사용자는 애플 워치 애플리케이션을 통해 보려는 앱마다 글래스 기능을 일일이 켜야 한다.

이 장에서는 애플 워치 앱에 글래스 기능을 구현하는 기능에 대해 알아보자.

글래스의 의미

개발자의 입장에서 보면 글래스는 사용자가 빠르게 확인할 수 있도록 정보를 요약해서 보여주기 위한 또 하나의 수단이다. 가령 주식 가격을 주기적으로 보여주는 아이폰 앱을 사용할 때, 앱을 구동하지 않고도 간단히 워치 화면을 쓸어 올리는 동작만으로 자신이 관심을 가진 종목만 빠르게 훑어볼 수 있다. 좀 더 자세한 정보를 보고 싶다면, 글래스를 탭해서 해당 앱을 띄우면 된다.

글래스 구현 방법

그럼 지금부터 애플리케이션에 글래스를 구현하는 방법에 대해 알아보자.

1. 엑스코드에서 'DisplayingGlances'라는 이름으로 Single View Application 프로젝트를 생성한다.

2. 프로젝트에 WatchKit App 타깃을 추가한다. 워치킷 프로젝트를 가볍게 만들기 위해 Include Notification Scene 옵션은 해제하고, Include Glance Scene 옵션을 선택한다(그림 6.1).

3. WatchKit 앱에서 Interface.storyboard 파일을 선택하면, 인터페이스 컨트롤러와 함께 글래스 인터페이스 컨트롤러도 생성된 것을 볼 수 있다(그림 6.2).

> **노트**
> 애플 워치 앱에는 글래스 인터페이스 컨트롤러를 최대 한 개만 가질 수 있다.

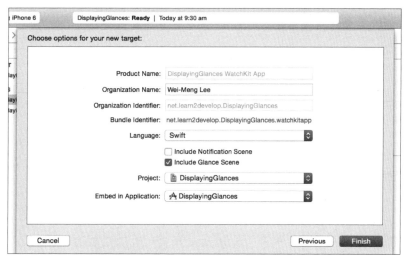

그림 6.1 글랜스 씬을 사용하는 WatchKit App 타깃 추가하기

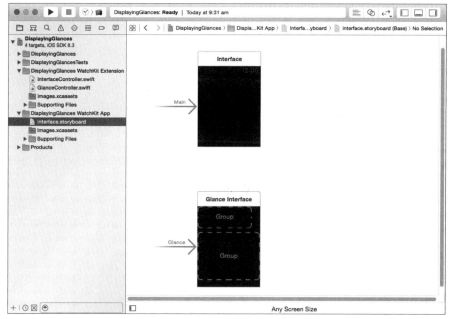

그림 6.2 인터페이스 컨트롤러와 함께 글랜스 인터페이스 컨트롤러가 생성된 모습

4. 익스텐션 프로젝트 창을 보면 그림 6.3과 같이 GlanceController.swift 파일이 생성된 것을 볼 수 있다.

그림 6.3 익스텐션 프로젝트에 GlanceController.swift 파일이 생성된 모습

5. GlanceController.swift 파일은 `GlanceController` 클래스를 정의하고 있다. 이 클래스를 통해 Interface.storyboard 파일에 글랜스 인터페이스 컨트롤러를 표현한다.

```
import WatchKit
import Foundation

class GlanceController: WKInterfaceController {

    override func awakeWithContext(context: AnyObject?) {
        super.awakeWithContext(context)

        // 여기서 인터페이스 오브젝트를 설정한다.
    }

    override func willActivate() {
        // 뷰 컨트롤러를 사용자에게 표시할 때 이 메소드가 호출된다.
        super.willActivate()
    }

    override func didDeactivate() {
        // 뷰 컨트롤러가 더 이상 화면에 표시되지 않을 때 이 메소드가 호출된다.
        super.didDeactivate()
    }
```

GlanceController 클래스도 기존 인터페이스 컨트롤러와 마찬가지로
WKInterfaceController를 상속한다. 물론 컨트롤러의 생명 주기도 기존 인터
페이스 컨트롤러와 같다. 단 한 가지 차이가 있다면, 글랜스 컨트롤러는 정보를
빨리 표시할 수 있도록 초기화를 굉장히 빠르게 처리한다. 따라서 글랜스를 업
데이트 할 땐 willActivate 메소드로 처리해야 한다.

글랜스 커스터마이즈

글랜스는 다양한 정보를 표시할 수 있도록 커스터마이즈할 수 있다. 그러나 알림과
달리, 사용자가 글랜스와 직접 상호 작용할 수 없다. 따라서 글랜스에 버튼이나 슬
라이더와 같은 컨트롤을 달 수 없다.

> **노트**
> 글랜스의 용도는 어디까지나 정보를 빠르게 보여주는 것이다. 따라서 글랜스를 구현할 때 최대한
> 정보를 빠르게 표시할 수 있도록 구성해야 한다.

1. Interface.storyboard 파일에서 글랜스 인터페이스 컨트롤러Glance Interface
   Controller를 선택해서 애트리뷰트 인스펙터 창을 연다(그림 6.4). 이 창은 크게
   Upper와 **Lower** 섹션으로 나눠져 있다. 두 창 모두 그룹Group 컨트롤이 들어 있는
   데, 이를 통해 레이블이나 이미지와 같은 컨트롤을 추가할 수 있다.

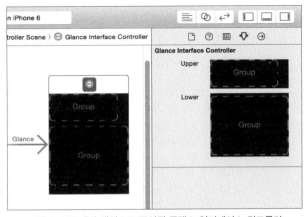

그림 6.4 두 개의 섹션으로 구성된 글랜스 인터페이스 컨트롤러

2. 애트리뷰트 인스펙터 창에서 Upper 그룹을 클릭하면 그림 6.5와 같이 드롭다운 리스트가 나타난다. 이 리스트에는 Upper 섹션에 주로 활용되는 템플릿이 담겨 있다. 가장 아래 줄의 왼쪽에 있는 항목을 선택한다.

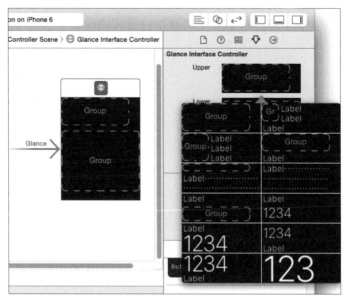

그림 6.5 Upper 섹션에 적용할 템플릿 선택하기

> **노트**
>
> 기본적으로 제공하는 템플릿 중에 마음에 드는 것이 없다면, 직접 컨트롤을 구성하여 글랜스 인터페이스 컨트롤러에 추가해도 된다.

3. 같은 방법으로 Lower 그룹을 클릭하면 그림 6.6과 같이 드롭다운 리스트가 나타난다. 이번에는 가장 윗 줄의 왼쪽에 있는 항목을 선택한다.

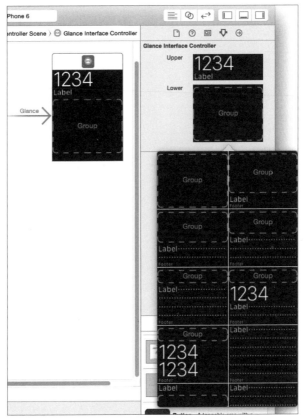

그림 6.6 Lower 섹션에 적용할 템플릿 선택하기

4. Lower 그룹에 레이블 컨트롤을 하나 추가해서 속성을 다음과 같이 설정한다
(그림 6.7).

- Font: System Italic
- Size: 30
- Style: Bold
- Text Color: 노란색
- Horizontal: Center
- Vertical: Center

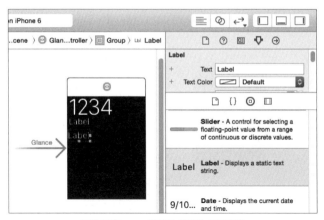

그림 6.7 Lower 섹션에 레이블 추가하기

> **노트**
>
> 애플 워치의 글랜스와 알림에서는 시스템 폰트(San Francisco)만 사용할 수 있다. 커스텀 폰트는 지원하지 않는다.

5. 그러면 글랜스 인터페이스 컨트롤러가 그림 6.8과 같이 구성된다.

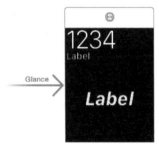

그림 6.8 글랜스 인터페이스 컨트롤러의 완성된 모습

글랜스 테스트

앞에서 만든 글랜스를 테스트해보기 위해, 엑스코드에 WatchKit App 타깃을 추가할 때 생성한 Glance 스킴을 적용해야 한다.

1. 엑스코드에서 Glance – DisplayingGlances WatchKit App 스킴을 선택한다(그림 6.9).

그림 6.9 글랜스 스킴 선택하기

2. 아이폰 시뮬레이터로 애플리케이션을 구동하면, 그림 6.10과 같이 애플 워치 시뮬레이터에 글랜스가 나타나는 것을 볼 수 있다.

그림 6.10 애플 워치 시뮬레이터에 표시된 글랜스

아직 글랜스에 아무 것도 표시되지 않았다. 다음 절에서 글랜스에 유용한 정보를 표시하도록 코드를 수정해 볼 것이다.

유용한 정보 표시

글랜스에 유용한 정보를 표시하려면, 앞에서 작성한 애플리케이션을 다음과 같이 수정한다.

- 컨테이너 iOS 앱에서 백그라운드 페치background fetch로 정보를 가져오도록 수정한다. 그러면 iOS 앱이 백그라운드 상태에 있어도 네트워크 연산을 처리할 수 있다.
- 백그라운드에서 야후 웹 서비스를 통해 AAPL(애플)과 MSFT(마이크로소프트)의 주가를 가져오도록 작성한다.
- 가져온 두 종목의 가격은 NSUserDefaults에 저장한다. 워치 앱에서도 접근할 수 있도록 이 값을 공유 앱 그룹에 저장한다.
- 워치 앱에서 NSUserDefaults 설정에 저장된 값을 가져와서 글랜스에 표시한다.

공유 앱 그룹 생성

익스텐션 프로젝트와 워치 앱이 데이터를 공유하려면 먼저 공유 앱 그룹을 생성해야 한다.

> **노트**
> 공유 앱 그룹을 생성하는 방법에 대해서는 4장에서 자세히 설명한다.

1. iOS 앱에 공유 앱 그룹을 생성하고, 이름을 'group.learningwatchkit. displayingglances.app'으로 지정한다. 그러면 현재 프로젝트의 **Capabilities** 탭의 **App Groups** 섹션에 공유 앱 그룹이 생긴 것을 볼 수 있다(그림 6.11).

> **노트**
> 앱 그룹 이름은 반드시 중복되지 않는/고유한 값으로 지정해야 한다.

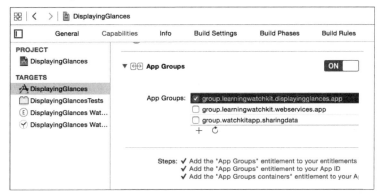

그림 6.11 iOS 프로젝트에 공유 앱 그룹 추가하기

2. 익스텐션 프로젝트에서 방금 추가한 앱 그룹 이름을 선택한다(그림 6.12).

그림 6.12 익스텐션 그룹에 공유 앱 그룹 추가하기

백그라운드에서 정보 가져오기

컨테이너 iOS 앱은 백그라운드 페치background fetch 기능을 사용하여, 백그라운드 상태에 있는 동안 야후 웹 서비스에 접속해서 애플과 마이크로소프트의 주가 정보를 가져온다.

1. 컨테이너 iOS 앱에 백그라운드로 정보를 가져오는 부분을 구현하도록, 엑스코드에서 DisplayingGlances 타깃을 선택하고, Capabilities 탭의 Background Modes 스위치를 켜고 Background Modes 섹션에 있는 Background fetch 옵션을 선택한다(그림 6.13).

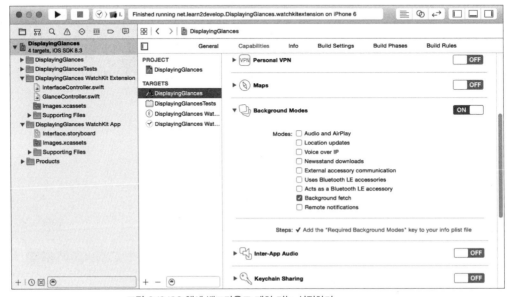

그림 6.13 iOS 앱에 백그라운드 페치 기능 설정하기

2. AppDelegate.swift 파일에 다음과 같이 굵게 표시한 문장을 추가한다.

```
import UIKit

@UIApplicationMain
class AppDelegate: UIResponder, UIApplicationDelegate {

    var window: UIWindow?

    //---NSDate 포맷을 문자열로 변환한다.---
    func currentDateToString() -> String {
        var formatter: NSDateFormatter = NSDateFormatter()
        formatter.dateFormat = "yyyy-MM-dd HH:mm:ss zzz"
        return formatter.stringFromDate(NSDate())
```

```
}

//---JSON 문자열에서 원하는 데이터를 뽑아낸다.---
func parseJSONData(data: NSData) {
    var error: NSError?
    var parsedJSONData = NSJSONSerialization.JSONObjectWithData(
        data, options: NSJSONReadingOptions.allZeros,
        error: &error) as! [String:AnyObject]
    var query = parsedJSONData["query"] as! [String:AnyObject]

    if let results = query["results"] as? [String:AnyObject] {
        if let quotes=results["quote"] as? [[String:AnyObject]] {
            var defaults =NSUserDefaults(suiteName:
                "group.learningwatchkit.displayingglances.app")
            for stock in quotes {
                    //---주식 종목 기호---
                    var symbol = stock["symbol"] as! String

                    //---가져온 가격asking price과 날짜 정보를
                    // 딕셔너리로 저장한다.---
                    var value =["ask": stock["Ask"] as! String,
                                "date": currentDateToString()]

                    //---상세 정보를 딕셔너리에 저장한다.---
                    defaults?.setObject(value, forKey: symbol)
                }
                defaults?.synchronize()
            }
        }
    }

    //---performing a background fetch---
    func application(application: UIApplication,
    performFetchWithCompletionHandler completionHandler:
    (UIBackgroundFetchResult) -> Void) {
        var urlString = "http://query.yahooapis.com/v1/public/yql?q="+
                    "select%20*%20from%20yahoo.finance.quotes%20"+
                    "where%20symbol%20in%20(%22AAPL%22%2C%22MSFT%22)"+
                    "%0A%09%09&env=http%3A%2F%2Fdatatables.org%2"+
                    "Falltables.env&format=json"
        var session = NSURLSession.sharedSession()
```

```
session.dataTaskWithURL(NSURL(string:urlString)!,
    completionHandler: {
        (data, response, error) -> Void in
        var httpResp = response as! NSHTTPURLResponse
        if error == nil && httpResp.statusCode == 200 {
            //---JSON으로 전달된 결과를 파싱한다.---
            self.parseJSONData(data)
            completionHandler(UIBackgroundFetchResult.NewData)
        } else {
            completionHandler(UIBackgroundFetchResult.Failed)
        }
    }).resume()
}

func application(application: UIApplication,
didFinishLaunchingWithOptions
launchOptions: [NSObject: AnyObject]?) -> Bool {
    // 애플리케이션 구동 후, 커스터마이즈 작업을 여기서 처리한다.
    UIApplication.sharedApplication().setMinimumBackgroundFet
        chInterval( UIApplicationBackgroundFetchIntervalMinimum)
    return true
}
```

> **노트**
> 공유 그룹의 이름은 타깃에 추가한 공유 그룹 이름으로 변경해야 한다. 그렇지 않으면 예외가
> 발생한다.

방금 추가한 코드를 통해 다음과 같은 작업을 처리했다.

- 애플과 마이크로소프트 주식의 가격을 가져오도록 야후 웹 서비스에 접속한다.

- 웹 서비스에서는 JSON 문자열로 결과를 리턴한다.

- 결과로 받은 JSON 문자열을 parseJSONData: 메소드로 전달하여 원하는 데
  이터를 추출한다. 여기서는 주식 기호와 호가asking price를 뽑아냈다.

- 주식 기호는 NSUserDefaults 설정에 저장할 때 키 값으로 사용한다. 값은 해
  당 주식의 호가로 지정하고, 정보를 가져온 날짜와 시간도 함께 저장한다. 이
  렇게 두 부분으로 구성된 데이터를 딕셔너리로 저장한다.

- currentDateToString 메소드는 현재 날짜와 시각을 String 오브젝트로 리턴한다.
- 백그라운드에서 정보를 가져오기 위해, UIApplicationBackgroundFetchIntervalMinimum 상수를 인자로 전달해서 UIApplication 오브젝트의 setMinimumBackgroundFetchInterval 메소드를 호출한다.

3. 엑스코드 6.3에서는 아이폰 시뮬레이터에서 백그라운드 페치가 제대로 동작하지 않는 버그가 있다. 엑스코드 6.3을 사용 중이라면 AppDelegate.swift 파일에 다음과 같이 강제로 NSUserDefaults에 값을 설정하는 메소드를 추가해야 한다.

```swift
//--- 엑스코드 6.3의 백그라운드 페치 버그를 보완하기 위한 임시 메소드 ---
func temporaryFixForBackgoundFetchOnSimulator() {
    var defaults = NSUserDefaults(suiteName: "group.learningwatchkit.
        displayingglace.app")
    defaults?.setObject(["ask": "131.89",
                         "date":currentDateToString()],
                         forKey:  "AAPL")
    defaults?.synchronize()
}

func application(application: UIApplication,
didFinishLaunchingWithOptions launchOptions: [NSObject: AnyObject]?) ->
Bool {
    // 애플리케이션 구동 후, 커스터마이즈 작업을 여기서 처리한다.
    UIApplication.sharedApplication().setMinimumBackgroundFetchInterval(
        UIApplictionBackgroundFetchIntervalMinimum)

    temporaryFixForBackgroundFetchOnSimulator()
    return true

}
```

4. 엑스코드에서 DisplayingGlances 스킴을 선택하고, 아이폰 시뮬레이터에서 애플리케이션을 구동시켜보자(그림 6.14).

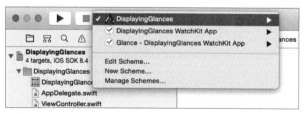

그림 6.14 DisplayingGlances 스킴 선택하기

5. 애플리케이션에서 백그라운드 페치 기능을 시뮬레이션하려면, 엑스코드 메뉴에서 Debug > Simulate > Background Fetch를 선택한다.

> **노트**
>
> In Xcode 6.3, background fetch does not work on the iphone simulator.

6. 애플리케이션이 실행되면, 웹 서비스에서 주식 정보를 가져와서 NSUserDefaults 설정에 저장한다.

글랜스 업데이트

이제 주식 정보를 가져와서 저장했으니, 이 정보를 글랜스 인터페이스 컨트롤러에 표시해 보자.

1. GlanceController.swift 파일에서 Upper 섹션의 레이블 두 개에 대해 각각 아웃렛 lblSymbol, lblLastUpdate를 생성하고, Lower 섹션의 레이블에 대해 lblAsk를 생성한다.

```
import WatchKit
import Foundation
```

```
class GlanceController: WKInterfaceController {

    @IBOutlet weak var lblSymbol: WKInterfaceLabel!
    @IBOutlet weak var lblLastUpdate: WKInterfaceLabel!
    @IBOutlet weak var lblAsk: WKInterfaceLabel!

    override func awakeWithContext(context: AnyObject?) {
        super.awakeWithContext(context)

        // 여기서 인터페이스 오브젝트를 설정한다.
    }
```

2. GlanceController.swift 파일에 다음과 같이 굵게 표시한 문장을 추가한다.

```
import WatchKit
import Foundation

class GlanceController: WKInterfaceController {

    @IBOutlet weak var lblSymbol: WKInterfaceLabel!
    @IBOutlet weak var lblLastUpdate: WKInterfaceLabel!
    @IBOutlet weak var lblAsk: WKInterfaceLabel!

    override func awakeWithContext(context: AnyObject?) {
        super.awakeWithContext(context)

        // 여기서 인터페이스 오브젝트를 설정한다.
    }

    //---문자열을 NSDate로 변환한다.---
    func dateStringToDate(date:String) -> NSDate {
        var dateFormatter = NSDateFormatter()
        dateFormatter.dateFormat = "yyyy-MM-dd HH:mm:ss zzz"
        return dateFormatter.dateFromString(date)!
    }

    override func willActivate() {
        // 뷰 컨트롤러가 사용자에게 표시될 때 이 메소드가 호출된다.
        super.willActivate()

        var defaults = NSUserDefaults(suiteName:
```

```
            "group.learningwatchkit.displayingglances.app")

    //---설정에 저장된 값에서 주식 가격과 날짜 정보를 추출한다.---
    var priceAndDate =
        defaults?.objectForKey("AAPL") as! [String:String]
    var price = priceAndDate["ask"]!
    var dateFetched = dateStringToDate(priceAndDate["date"]!)

    //---현재 시각과 주가를 가져온 시각의 차이를 구한다.---
    let elapsedTime = NSDate().timeIntervalSinceDate(dateFetched)

    //---초 단위로 변환한다.---
    let elapsedTimeSeconds = Int(elapsedTime)

    //---시간을 분과 초 단위로 변환한다.---
    let elapsedMin = elapsedTimeSeconds / 60
    let elapsedSec = elapsedTimeSeconds % 60

    if elapsedMin > 0 {
        lblLastUpdate.setText(
        "\(elapsedMin) mins \(Int(elapsedSec)) secs")
    } else {
        lblLastUpdate.setText("\(Int(elapsedTime)) secs")
    }

    //---글랜스에 정보를 표시한다.---
    self.lblSymbol.setText("AAPL")
    self.lblAsk.setText("$" + price)
}
```

노트

공유 그룹 이름을 다른 값으로 지정했다면 적절히 변경한다.

이 코드에서는 다음과 같은 작업을 처리한다.

- NSUserDefaults 설정에 저장된 값을 불러온다. 간단히 처리하도록 AAPL에 대한 가격만 가져온다. AAPL 키에 대한 값은 딕셔너리 타입이며, 주식 가격과 이 정보를 가져온 날짜와 시간이 담겨 있다.

- NSDate 오브젝트의 `timeIntervalSinceDate:` 메소드로 가져온 주식 가격을 가져온 후에 경과된 시간을 계산한다.
- 글랜스 인터페이스 컨트롤러에 주식 기호와 주식 가격을 가져온 후 경과된 시간과 주식 가격을 표시한다.

3. 엑스코드에서 Glance > DisplayingGlances WatchKit App 스킴으로 전환하고, 아이폰 시뮬레이터로 애플리케이션을 구동한다. 그러면 글랜스 인터페이스 컨트롤러가 그림 6.15와 같이 화면에 표시된다.

그림 6.15 최근 가져온 주가 정보를 보여주는 글랜스

정리

이 장에서는 애플 워치 애플리케이션에 글랜스를 구현하는 방법에 대해 살펴봤다. 이 과정에서 컨테이너 iOS 앱에서 백그라운드 페치를 수행하고, 가져온 정보를 글랜스 인터페이스 컨트롤러에 표시하는 방법도 배웠다.

찾아보기

ㄱ

감압 방식 터치 스크린 22
계층형 내비게이션 46
공유 앱 그룹 171
공유 컨테이너 179
글랜스 27, 229
글랜스 커스터마이즈 233
길게 보기 인터페이스 198, 215

ㄷ

데이터 공유 171
동적 인터페이스 컨트롤러 200
디지털 크라운 22

ㄹ

레이블 95, 96
로컬 알림 194

ㅁ

메뉴 아이템 131

ㅂ

백그라운드 239
버튼 72
번들 23
뷰 71

ㅅ

새시 225
새시 컬러 변경 225
서식 문자열 78
쉐브론 58
스위치 88
스토리보드 39
슬라이더 91
시간 지연 226

ㅇ

알림 27, 193, 194
애니메이션 100
애플 워치 UI 71
애플 워치 시뮬레이터 201
애플 워치의 사양 22
엑스코드 6.3 23
워치킷 23
워치킷 애플리케이션 이름 변경 203
워치킷 앱 25, 27, 151
워치킷 익스텐션 23
원격 알림 194
이모지 118
이미지 95, 96
이미지 컨트롤 사용 98
익스텐션 통신 151
인터랙티브 알림 194

인터페이스 컨트롤러 39
인터페이스 컨트롤러 내비게이션 45
인터페이스 컨트롤러의 생명 주기 35, 42

ㅈ

정보 수집 115
정적 인터페이스 컨트롤러 200
지도 표시 163
짧게 보기 인터페이스 198

ㅋ

커스텀 폰트 79
컨트롤 120
컨트롤 배치 120
클로저 117

ㅌ

탭틱 엔진 23
테이블 95, 103

ㅍ

파일 공유 185
패키지 25
페이로드 221
페이지 기반 내비게이션 46, 50
포그라운드 135
포스 터치 22, 124
푸시 알림 194

ㅎ

현지화 136

A

attributed string 78
awakeWithContext 35, 42

B

BLE 통신 25
bundle 23

C

CLLocationManager 156
contextForSegueWithIdentifier 56

D

didDeactivate 35, 43
Digital Crown 22

F

Force Touch 22
foreground 135

G

GetCurrentLocation 156
glance 229
Glance 27

H

HelloAppleWatch 32
HelloAppleWatch WatchKit App 32
HelloAppleWatch WatchKit Extension 32

I

Image 95
init 35
InterfaceController 34
iOS 앱 번들 25

L

Label 95
local notification 194
long-look interface 198, 215

N

Notification 27, 194

O

openParentApplication: 153

P

presentControllerWithNames:contexts: 65
presentTextInputControllerWithSuggestions:
    allowedInputMode:completion: 117
pressure-sensitive 터치 스크린 22
pushControllerWithName:context: 62
push notification 194

R

remote notification 194

S

sash 225
setBackgroundImage: 87
setImageNamed: 99
short-look interface 198

T

Table 95
Taptic Engine 23

U

UI 현지화 139

V

view 71

W

WatchKit 23
WatchKit Extension 23
willActivate 35, 43

X

Xcode 6.3 23

에이콘출판의 기틀을 마련하신 故 정완재 선생님 (1935-2004)

애플 워치 WatchKit 프로그래밍

인 쇄 | 2015년 9월 7일
발 행 | 2015년 9월 15일

지은이 | 웨이멩 리
옮긴이 | 남기혁 · 김홍중

펴낸이 | 권 성 준
엮은이 | 김 희 정
　　　　안 윤 경
　　　　전 진 태
표지 디자인 | 한국어판_이승미
본문 디자인 | 남 은 순

인 쇄 | 한일미디어
용 지 | 다올페이퍼

에이콘출판주식회사
경기도 의왕시 계원대학로 38 (내손동 757-3) (16039)
전화 02-2653-7600, 팩스 02-2653-0433
www.acornpub.co.kr / editor@acornpub.co.kr

한국어판 © 에이콘출판주식회사, 2015, Printed in Korea.
ISBN 978-89-6077-756-9
ISBN 978-89-6077-083-6 (세트)
http://www.acornpub.co.kr/book/apple-watchkit

이 도서의 국립중앙도서관 출판시도서목록(CIP)은 서지정보유통지원시스템 홈페이지(http://seoji.nl.go.kr)와
국가자료공동목록시스템(http://www.nl.go.kr/kolisnet)에서 이용하실 수 있습니다.(CIP제어번호: CIP2015024355)

책값은 뒤표지에 있습니다.